社长总编谈

行业媒体融合发展

中国行业报协会　组编

中国电力出版社
CHINA ELECTRIC POWER PRESS

图书在版编目（CIP）数据

社长总编谈：行业媒体融合发展 / 中国行业报协会组编. –– 北京：中国电力出版社，2024.7. ––ISBN 978–7–5198–9038–4

Ⅰ．G219.2–53

中国国家版本馆 CIP 数据核字第 2024TG4657 号

出版发行：中国电力出版社
地　　址：北京市东城区北京站西街 19 号（邮政编码 100005）
网　　址：http://www.cepp.sgcc.com.cn
责任编辑：王　倩（010–63412607）
责任校对：黄　蓓　李　楠
书籍设计：锋尚设计
责任印制：杨晓东

印　　刷：北京瑞禾彩色印刷有限公司
版　　次：2024 年 7 月第一版
印　　次：2024 年 7 月北京第一次印刷
开　　本：710 毫米 ×1000 毫米　16 开本
印　　张：17.75
字　　数：252 千字
定　　价：98.00 元

序

又踏层峰望眼开

写在《社长总编谈——行业媒体融合发展》出版之际

中国行业报协会会长　张超文

　　媒体融合是时代所向、大势所趋。2013年8月19日，在全国宣传思想工作会议上，习近平总书记提出："要适应社会信息化持续推进的新情况，加快传统媒体和新兴媒体融合发展，充分运用新技术新应用创新媒体传播方式，占领信息传播制高点。"此后，习近平总书记又在多个场合围绕如何实现媒体融合发展，发表了一系列重要论述，提出了一系列新思想新观点新论断，为推动媒体融合发展提出了具体要求、提供了切实可行的路径。

　　行业媒体是新闻战线一支重要的方面军，与中央主要新闻单位、地方媒体互为补充，互相支撑，构成不可或缺、不可替代的主流传媒平台。在媒体融合的时代要求下，全国性行业媒体因势而谋、应势而动、顺势而为，坚持向"深"处思考，在"度"上发力，谋"融"时创新，求"合"中提质，传播内容持续创新、传播形式不断优化、传播手段日益多元，传播力、引导力、影响力、公信力全面提升。可以说，经过十多年的努力和探索，全国行业媒体类呈现出千帆竞发、欣欣向"融"之势。

新时代需要新思想，新思想指导新作为。2023年10月7日至8日召开的全国宣传思想文化工作会议首次提出了"习近平文化思想"，习近平文化思想涵盖新闻、网信、文艺、哲学社会科学、思政、文化传承发展等各个领域，是新时代文化建设的学理化体系化成果，在党的宣传思想文化事业发展史上具有里程碑意义。同时，习近平文化思想也为做好新时代媒体深度融合，实现媒体高质量发展提供了强大思想武器和科学行动指南。

为指导会员单位全面贯彻习近平文化思想，总结行业媒体融合发展十年的巨大发展成就，同时，为进一步推动媒体融合向纵深迈进提供理论和实践参考，在中央宣传部、中华全国新闻工作者协会的指导和大力支持下，中国行业报协会历时半年时间，组织了"社长总编谈——行业媒体融合发展"，征集、邀请24位行业媒体的社长、总编围绕媒体融合发展的系统思路、具体做法、可行经验撰写了署名文章。综观这些文章，"守正创新""内容为王""技术赋能""深耕行业""讲好故事""深入采访""回应热点""队伍建设"为高频词汇。文章内容或侧重系统谋划、体系建设，或立足深耕行业、优化服务，或坚持内容为王，打造精品，或着眼技术革新、丰富手段……文章都集发展思路和实践路径于一体，融经验总结和规划设想于一身，是这些媒体深度融合发展的全方位、多角度、立体式呈现，也是全国性行业媒体融合发展实践黄金十年的缩影。此专集为"社长总编谈"系列丛书的启动图书，后续我们还将持续推出相关专集。

文章的征集得到了会员单位社长、总编的大力支持。他们一方面细致打磨文章，力求精品；一方面积极思考，为图书出版提出大量富有建设性的建议。在此，向勇于探索的会员单位、文章作者和在文章背后默默付出的媒体同仁表示真诚的感谢。

　　春江浩荡暂徘徊，又踏层峰望眼开。回顾总结，是为了更好地勇毅前行。相信系列丛书必将成为媒体，尤其是行业性媒体实现更高层次、更高水平融合发展的重要借鉴，推动行业媒体在全面贯彻习近平文化思想的实践中再创新成就，再展新作为。

目录

序

01
体系建设篇

02
运营服务篇

03
技术应用篇

04
融媒作品篇

01 ┊ 体系
建设篇

构建全媒体传播体系　讲好新时代行业故事

英大传媒投资集团有限公司董事长、党委书记
郑林

党的十八大以来，以习近平同志为核心的党中央高度重视新闻舆论工作，进行一系列顶层设计，出台一系列政策措施，有力推动我国媒体融合向纵深发展。2023年10月7日至8日，全国宣传思想文化工作会议召开，习近平总书记对宣传思想文化工作作出重要指示，深刻阐述宣传思想文化工作的重要地位和作用，对全面贯彻党的二十大精神、担负起新的文化使命、做好新时代新征程宣传思想文化工作提出了明确要求。英大传媒集团作为我国首家企业传媒集团，肩负着能源电力行业"举旗帜、聚民心、育新人、兴文化、展形象"的使命任务，拥有"报、刊、书、网、端、微、视、屏"多种载体，着力打造两报七刊传统舆论阵地，建成以电网头条"一端三微"为龙头的全媒体传播矩阵，加快构建全媒体传播体系，持续推进媒体融合向纵深发展，用心用情讲好新时代行业高质量发展的生动故事。

一、守正创新，深耕"第一选题"，推进内容生产品质化

作为国家电网公司意识形态主阵地、文化建设主战场、品牌塑造主力军，英大传

媒集团积极践行"七个着力"重大要求，以"第一选题"为抓手，深入宣传习近平新时代中国特色社会主义思想，忠实宣传党的理论和路线方针政策，为国家电网高质量发展、能源电力行业转型发展提供坚实舆论保障。

聚焦"第一议题"，策划"第一选题"。英大传媒集团党委始终坚持把学习习近平新时代中国特色社会主义思想和习近平总书记系列重要讲话精神作为"第一议题"，并创新性提出把习近平总书记重要讲话和重要指示批示精神作为"第一选题"，成为推进传媒高质量发展和价值创造的重要载体，在实践中取得了良好成效，形成了鲜明特色。"第一选题"是贯彻马克思主义新闻观的重要实践，是新闻宣传工作胸怀大局、把握大势、着眼大事的具体行动，体现了认识高度和思维格局，体现了时代和实践发展的新要求。以"头版头条首页首屏"第一时间宣传党的理论路线和方针政策，宣传党中央重大工作部署，让党的创新理论飞入寻常百姓家。全媒体统筹开展"沿着总书记的足迹"常态化主题宣传，推出"南瑞之变""疆来更美""东北全面振兴"等多组大型系列报道。深入新疆、青海、宁夏、吉林等地实地拍摄制作反映我国新能源事业发展的纪录片《蓄能山水间》，全景呈现国家电网公司贯彻落实习近平总书记重要讲话和重要指示批示精神的生动实践。从2022年的"非凡十年"主题采访到2023年的"高质量发展调研行"，我们深刻把握党的二十大对能源高质量发展作出的新部署新要求，展现国家电网公司完整准确全面贯彻落实新发展理念、推动国家重大战略落地和经济社会发展的举措和成效。《亮报》记者沿着总书记的足迹奔赴西藏嘎拉村采访当地用电变化，精心撰写的通讯《嘎拉村的幸福生活》获第33届中国新闻奖。

聚焦内容生产，讲好行业故事。多出优秀作品是媒体生存发展的基本要求，优质内容依然是媒体以"不变"应"万变"的法宝。我们尊重新闻规律和互联网传播规律，确立内容生产的"价值标准"，着力打造"内行敬佩、外行喜欢"的精品力作。坚持立足能源电力，围绕"四个革命、一个合作"能源安全新战略，聚焦电力保供、新型电力系统和新型能源体系建设、科技自立自强、现代智慧配电网等，通过全媒体

"沿着总书记的足迹"专栏

南瑞之变

1. 第一选题——国家电网报"沿着总书记的足迹"
2. 第一选题——电网头条"南瑞之变"

1

2

1. 英大传媒集团派出8批次15名记者历时一年多
在平均海拔4500米的阿里地区跟踪拍摄

2. 第三十三届中国新闻奖三等奖——亮报《嘎拉
村的幸福生活》

报道、互动传播、沉浸体验，实现国网故事社会表达。我们派出8批次15名记者，历时一年多，在平均海拔4500米的阿里地区跟踪拍摄，自主策划制作的《点亮阿里》五集纪录片，全过程真实记录了西藏藏中和阿里联网工程建设故事，把技术创新、绿色环保、精准扶贫、文化传承、藏区经济社会发展等诸多元素融入其中，成为浓墨重彩的时代记录，形成了珍贵的视频素材。同时，根据不同传播平台，制作纪录片、专题片、音像出版物、短视频等多种产品形态，长短视频联动、新闻出版联动、国际国内联动传播。《点亮阿里——一名工程师的日记》外宣版是英大传媒与华纳兄弟探索集团联合制作推出的国际版纪录片。中国外文局高度评价此片：讲述的故事很"硬核"，切入点很"接地气"，做到了"用小人物折射大时代"，是一部同时满足"外宣"和"内宣"需求的佳作。目前，《点亮阿里——一名工程师的日记》通过探索频道触达美国、英国、德国、日本、澳大利亚、马来西亚等19个国家和地区，并于2024年6月获第45届泰利奖。我们鼓励记者编辑走进基层一线、施工现场、服务前沿，打赢迎峰度夏、防汛抢险救灾、重大活动保电三大攻坚战。2023年河南夏收期间遭遇烂场雨，国家电网驻马店供电公司调动无人机照亮抢收现场，电网头条新媒体第一时间推出"无人机照亮麦收保卫战"融媒报道，全网阅读量超过500万，成为刷屏爆款，网友评价："人民电业真的为人民！"

聚焦国际视角，打磨传播精品。习近平文化思想将加强国际传播能力建设提升到国家战略层面，中央企业是代表国家参与国际竞争的重要力量，是国际社会认识中国、了解中国的重要窗口，是我国有效开展国际传播、讲好中国故事、提升国家形象的主力军，有责任、有能力成为中国故事的生动讲述者、自觉传播者。我们秉持"用国网故事折射中国故事、用企业形象展现国家形象"的理念，突出价值、共情、协同，积极探索国际传播路径，努力讲新时代之国网故事、发新时代之中国强音。共建"一带一路"倡议提出10周年之际，我们以策划为先，突出价值导向，精准设置议题，围绕创新、绿色、共享，开展"一带一路"十周年国际传播。精心组织境外采访，12名记者分赴巴西、埃及、沙特阿拉伯等国家，辗转8个城市、行程超过8万公里，综合运用4K高清拍摄、无人机航拍、360度全景拍摄等技术，展现巴西美丽山特高压直流输电工程等重大项目对促进当地清洁能源开发外送、生态环境保护、应对气候变化等方面的突出成效，宣传工程在提升所在国电力基础设施服务能力、为区域经济发展和民生改善注入强大动力的显著成果，深度呈现以国家电网为代表的中国能源方案的时代价值。《国家电网报》开设专栏"共建'一带一路'·国网故事"，推出"为高质量共建'一带一路'赋动能"特刊；电网头条新媒体发布融媒报道40余篇，全平台总阅读量近300万；《亮报》推出"一带一路"专版15个；制作两集纪录片《"一带一路"电网人》并在中国教育电视台播出。把握宣传时度效，全媒体形成"6篇系列综述+6个典型案例展示+2个整版报道+2集纪录片+系列跨文化融合短视频"的立体报道成果，在第三届"一带一路"国际合作高峰论坛前后形成报道高潮。

二、系统布局，科学构建全媒体传播体系，推进融合发展品牌化

党的二十大报告强调，"建设具有强大凝聚力和引领力的社会主义意识形态，加强全媒体传播体系建设，塑造主流舆论新格局"，指明了新闻舆论工作创新发展的方向和思路。党的十八大以来，从"推动融合"到"加快推进"再到"深度融合"，媒体走过了转变观念、渠道变革、资源打通的上半场，进入了从"量变"向"质变"的下半场，生产方式、传播方式、组织方式、资源配置方式不断革新和发展。近年来，英大传媒集团在主题传播、平台建设、融合发展、媒体运营、流程再造等方面都进行了积极探索和实践。推进融合向纵深发展，必须树立新理念、探索新方法、建立新机制、充实新内容、发展新业态，把准媒体融合之脉、媒介更新之络、要素配置之源、品质生产之魂、应用落地之变，加快建立起符合时代要求、具有行业特色的全媒体传播体系。

坚持顶层设计整体规划。我们制定了《英大传媒集团关于推进媒体深度融合向纵深发展的实施意见》，并列入集团"十四五"总体规划滚动推进，明确了以加快建

1. 中宣部、中国记协"新春走基层"中央新闻单位先进集体证书
2. "国家电网全媒体传播平台"项目入选第三届中国报业深度融合发展创新案例证书

设"内容生产品质化、传播方式智能化、融合发展品牌化、经营管理精益化、服务支撑智慧化"的一流新型传媒集团为目标,聚焦价值创造和高质量发展,加快全媒体传播体系建设,报网端微一起发力,文图音视百花齐放,既错位发展、各美其美,又深度融合、相互赋能。2021年,我们上线全媒体新闻信息平台,实现统一调度指挥、融合生产和多渠道新闻发布的融媒体生产格局,在做好策划融合、机制融合的基础上,进一步深化协同运作,加深情感融合、理念融合,从而形成合力、行稳致远。打破媒体资源和信息壁垒,推进媒介资源有效融合,全面打通选题资源、专家资源、作者资源、技术资源,推动资源共享、内容互推、渠道共建,打造国家电网公司总部、英大传媒集团、国家电网公司系统各单位融媒体中心联动协同、高效运作的融合生态圈,实现平台渠道多元化布局。2023年,英大传媒集团申报的"国家电网全媒体传播平台"案例入选第三届中国报业深度融合发展创新案例,成为全媒体传播体系建设类唯一一个行业媒体案例。

坚持全媒矩阵差异化发展。媒体融合高质量发展,是媒体内容、渠道、平台、经营、管理各方面的重塑,是理念、形式、方法、手段、机制、流程的创新,是"你中有我、我中有你"的全面相融,是"和而不同"的共生共赢。我们坚持融合发展与差异化发展"两条腿"走路,持续推动媒体深度融合、优势互补、一体发展,打造"全方位、多层次、立体化"的媒体矩阵,实现产品更加丰富、内容更加优质、渠道更加多样、手段更加多元。我们不断优化平台功能布局,坚持《国家电网报》有焦点《亮报》有亮点、杂志有观点、新媒体有燃点、影视有看点、出版有经典、品牌有特点,彰显全媒矩阵的"平台特色"。至2023年底,旗舰新媒体电网头条"一端三微"全网用户数超1100万,年均阅读量超过10亿。

作为新闻出版双主业的传媒集团,新闻和出版业务融合肩负推进融合发展之责。我们根植新闻出版全要素特色优势,增强系统观念和全局思维,树立一盘棋意识,推进统筹策划、全链条生产、全产品传播。在选题策划上融合,统筹新闻出版重点选题策划,建立联动策划机制,从不同角度和侧重点,打造全媒介产品体系;在内容生产上融合，通过媒资库建设，推动各类资源共享互通，发挥整体资源优势；在协同机制上融合，坚持新闻出版联动，深化重点出版物宣传工作机制，丰富创新宣传形式。《中国电力工业史》丛书入藏中国国家版本馆，中国电力出版社获评"2023年度杰出图书影响力出版社（技术类）"，取得了显著的社会效益和经济效益，提升了集团整体品牌价值。

坚持系统联动协同运作。我们融入国家电网公司全媒体传播体系，立足系统内专业传媒机构独特定位，发挥引领优势，不断健全完善中央厨房运作机制，构建重大主题团队策划、内外协同、上下联动的大传播格局，推动国家电网融媒体平台、电网头条传播平台、数字报平台、媒体大数据中心互联互通，与国家电网公司系统27家省级电力公司融媒体中心建立平台连接，协调联动近万名新闻铁军力量，大平台带动大传播，大传播升级大传媒。2021年以来，我们充分发挥公司系统单位在内容支撑、渠道推广、熟悉一线方面的优势和作用，与各单位共设主题、联合采访、全媒体传播，持续提升内容生产力和传播合力。通过与相关省公司共同策划组织走基层报道，促成中国行业报协会相继在吉林丰满水电站、国网冀北电力新型电力系统建设示范区设立走基层实践基地，极大激发了省公司参与重要主题报道的积极性，以政治性、新闻素养和创作功力收获口碑与流量。

三、数智赋能，提升全要素生产率，加快培育推动传媒高质量发展的新质生产力

融合发展是国家战略，是时代命题，更是传媒企业高质量发展的永恒主题。进入新时代，人工智能、大数据、云计算等技术创新提升了媒体的内容生产效率，激发了媒体融合的新动能，展现出更鲜活、更智能的发展趋势。伴随着信息智能技术对传媒行业的不断渗透，以智能技术带动内容创新与突破，是传媒行业主要的探索方向，也是媒体数智化转型的重要路径。我们始终秉持开放、共赢的理念，积极与行业协会、科研机构、高校和企业深化合作，把要素融合、理念创新、技术赋能带来的新质生产

英大传媒集团构建全媒体传播体系
加快建设一流新型传媒集团

力切实转变为新质传播力、影响力，同时通过不断完善机制、整合渠道、锻炼队伍，提升全要素生产率，为传媒高质量发展注入新动能。

全方位整合生产要素。我们不断深化机制创新，在严格把握正确的政治方向、舆论导向、价值取向的前提下，健全完善管理机制、生产流程、组织架构、考核方式。探索与省公司开展新闻宣传常态化合作的工作模式，坚持重大选题全媒体策划、全方位报道、全终端推送，有效整合媒体资源、生产要素，激发内外部活力，实现融合效果最大化、最优化。所有产品实现了采编一中台、业务一条线、产品一张网、素材一个库，生产流程全部数字化、线上化、智能化，实现新闻、出版、品牌数据的共享、互鉴和要素融通。以柔性团队为抓手推进采编人员的融合，培养全媒体队伍，成立时政报道、应急报道、品牌策划等多个跨部门跨板块专业柔性团队，拓宽选人用人渠道，鼓励青年编辑记者参与重大项目，谁有能力谁揭榜，谁能干谁挑梁。建立全媒体人才成长培养通道，在结合点上下功夫，既要提升业务能力，培养人文情怀，又要补充电力知识，深入挖掘能源电力专业领域的内容信息等核心资源；既要擅长新闻采集，还要适应移动互联网时代媒体的生产、互动、运营，着力培养"一专多能""多专多能"复合型人才。

全渠道放大传播合力。随着媒体融合发展的纵深推进，媒体的生产方式、传播方式、组织方式、资源配置方式不断革新和发展，企业内宣和外宣的边界日益模糊。在近两年"新春走基层"活动中，英大传媒集团充分发挥平台优势，将中央媒体的宣传资源和国家电网公司系统基层单位的选题资源有效结合，并以此促进英大传媒集团各媒体提升内容原创水平，构建主流媒体+行业媒体的报道矩阵。2023年1月，我们承办了全国性行业媒体2023年"新春走基层"活动启动仪式，邀请10余家中央和行业媒体共同走进北京东特高压变电站，在40多个媒体平台推出近60篇全媒体报道，多角度、全要素呈现"张北的风点亮北京的灯"这一主题。2023年8月，我们在中国行业报协会的指导下，联合国网冀北电力和国网新源集团，共同策划组织"推动能源转型　建设美丽中国"中央媒体走进新型电力系统一线活动，11家媒体记者发布图文音视频报道60余篇，全景式呈现国家电网公司加快构建新型电力系统的生动实践。受邀参加走进新型电力系统一线活动的探索亚太电视网内容副总裁魏克然在中国国际电视台（CGTN）《论中国：中国的绿色发展催生新质生产力》主题演讲中提及此行感受，盛赞冀北稳定输送风电、光伏电、水电等绿色能源的智慧电网为北京地区乃至全国提供零碳能源的创新实践。2024年"新春走基层"活动期间，我们把握京津冀协同发展上升为国家战略10周年的重要节点，联合中国行业报协会和国家电网相关单位，于习近平总书记发表"2·26"重要讲话10周年前夕，策划"国家电网　点亮雄安"和"绿色'桥头堡'数智赋动能"两次"新春走基层"联合主题采访活动，邀请15家中央和行业主流媒体联合采访、全平台推送，呈现国家电网服务北京"新两翼"的创新实践。

全链条深化数智赋能。从2021年开始，英大传媒数字化智能化驶上快车道。同年年底，上线推出新型数字报，两年后推出数字刊，全面实现了传统媒体的数字化转型。现在，英大传媒所属两报五刊能通过全媒体平台以及国家电网公司所有网站、客户端推送到用电客户和150万电网员工，传统的纸媒在数字时代焕发了青春。我们紧跟人工智能大模型在媒体应用的前沿趋势，创新推出基于电力全媒体数据库的AIGC创作平台，训练生成电网员工AI形象模型和能源电力工作场景的视频模型，用于图文、视频内容生产。目前，我们正在试点推广新闻采编的全流程AI应用，从AI辅助生成采访提纲、视频脚本、广告创意、新媒体作品构思等初级文本，到成稿应用AI润色，再到"三审三校"应用智能审校，在一定程度提高了生产效率。

我们持续迭代升级媒体资料素材库，拓展素材归集范围，提升智能加工检索水平，把媒体资料素材库与新闻出版生产平台直接对接，让素材直接服务于内容生产，提高生产效率，降低生产成本，把媒体资料数据变成集团的竞争要素、盈利要素。目前，媒体资料素材库已汇聚能源电力行业图片136万张、稿件52万篇、视频27万个、图书8万多种，建成能源电力行业规模最大、质量最高的中文语料库、图片库、视频库，为训练国家电网人工智能大模型提供高标准数据样本。媒体资料素材库被中国企

1. 2024年2月4日，"国家电网　点亮雄安"——"新春走基层"
   走进雄安联合主题采访活动在雄安新区举办，图为记者在雄
   安剧村智慧融合站现场采访
2. 2024年2月22日，绿色"桥头堡"数智赋动能——"新春走
   基层"走进北京城市副中心联合主题采访活动在北京通州举
   办，图为记者在国网北京市电力公司新型电力系统实验基地
   采访

业联合会评为2023年全国智慧企业建设创新案例，集团数字报获得中国报业协会"全国媒体融合技术应用优秀案例奖"、2023年度"王选新闻科学技术奖"。

面对媒体融合发展和智能化转型的新机遇、新要求，我们将聚焦高质量发展和价值创造，坚持导向为魂、策划为要、内容为王、移动为先，着力塑造行业新品牌，抢占文化新高地，加快建设能源电力领域全媒体产品策划、生产、传播的一流新型传媒集团，在推进中国式现代化的生动实践中彰显国企价值、贡献传媒力量。

激活媒体生产全链条　激发行业融媒新动能

——中国石油报社媒体深度融合的探索与实践

《中国石油报》社有限公司执行董事、党委书记
霍志明

　　媒体融合是时代所向、大势所趋。2013年习近平总书记在全国宣传思想工作会议上强调要"加快传统媒体和新兴媒体融合发展"，首次提出媒体融合的理念。10余年来，习近平总书记亲自谋划、指导推动媒体融合发展，各新闻单位深入学习贯彻习近平总书记关于媒体融合发展的重要论述，全面挺进主战场，行业媒体也由此迈入融媒时代，进行大刀阔斧的体系改革和融媒实践，媒体融合发展取得重大进展和显著成效。

　　作为中国石油集团党组机关报，中国石油报社在媒体融合发展大潮中，坚持系统观念，打破条块分割的业务布局，全产业链谋划，强调以体系建设激发行业融媒新动能，为集团公司建设世界一流综合性国际能源公司提供坚强的新闻舆论支撑。

中国石油报社融媒体
大厅现场

一、顶层设计绘制全媒体传播格局

中国石油集团党组多次对做好新闻舆论工作提出新要求，要求加强顶层设计，推动媒体融合发展，适应新的信息生产和传播需要，加快重塑全媒体传播格局。中国石油报社明确以建设主流、融合、国际化的现代石油传媒为中长期目标，不断提升报社新闻舆论的传播力、引导力、影响力、公信力。"主流"是业务目标，是指在全球能源行业具有重要影响，国内能源领域影响力、竞争力领先的行业主流媒体。融合、国际化是发展路径，即坚持国际国内并举、业务深度融合的战略选择。"现代石油传媒"是综合性目标，实质是具有现代传播特征、石油行业特色的新型主流媒体。为实现这一中长期目标，报社把加快建设行业顶尖、国内一流、具有一定国际影响力的新型主流媒体作为当前及今后一个时期的重点工作目标。

　　融媒体建设作为报社的"生命线工程"，主要领导亲自挂帅、亲自推动，充分调动各项资源，紧跟媒体融合发展的大潮，坚持移动优先、视频优先，强化互联网思维、用户思维、市场思维、融合思维，推动智慧媒体发展、移动传播转型，加快建设具有石油特色的全媒体传播体系，力促媒体融合向纵深推进。

　　一是持续提升纸媒报道质量和水平。2023年，报社全面改版《中国石油报》、发布升级版《中国石油报》数字报、深入推进"一版质量提升"工程……这一系列措施旨在快速融入媒体深度融合浪潮，充分体现中国石油集团发展战略、业务结构，进一步提升新闻宣传工作的传播力、引导力、影响力、公信力。同时，报社加强了专题报道、深度报道和评论工作，系列深度报道占比大幅提高，吸引力感染力显著增强。《石油内参》数量和质量进一步提升。《中国石油报》数字报App首年下载量过万，数字化转型迈出新步伐。

　　二是优化新媒体业务发展布局。完善移动优先策略落实机制，全面推进全链条、全方位、全领域创新，积极探索IP化、品牌化、专业化、一体化运营模式，持续扩大视听化优质内容的供给。优化运行新媒体平台账号，坚持有所为、有所不为，不断提升传播效果。加强新媒体运营能力建设，探索媒体+公益品牌营销路径，打造高黏度、高活跃度粉丝群。

　　三是大力发展短视频和直播业务。坚持以传播效果为导向，在AIGC领域积极探索数字主持人等新应用，积极探索微电影等新形态，集中资源培育短视频品牌，构建"YOU视频""YOU直播""YOU主播"等品牌生态。加大优质短视频作品生产力度，推出直播特色栏目，建立充足的直播内容供应机制，着力打造更多创意独特、立意高远、制作精良的拳头产品。

　　四是持续提升国际传播效能。更加主动融入国家大外宣格局，更加主动参与全球热点和行业大事报道，站在讲好能源合作命运共同体、推动国家能源外交的高度，加强海外企业和项目报道，讲好中国石油故事。加强国际传播内容创新，创新国际传播话语体系，丰富全媒体全链条产品，扩大海外社交媒体账号的国际传播力、影响力。

中国石油报社
全媒体矩阵图

创新"国际传播+"机制，注重调动和发挥外籍员工群体作用，丰富人文交流形式，加强与主流媒体海外传播平台、海外华文媒体及本土化媒体的交流合作，汇聚企业国际传播力量。

目前，中国石油报社已经建成了国（境）内新媒体矩阵和海外账号矩阵，形成线上线下"一张网"传播格局，基本做到"横纵到底、点面交叉、全员覆盖"，实现"垂与广"。国（境）内方面，建成定位精准、差异化发展的"12334598"新媒体矩阵，共有平台（账号）34个，日均传播量超1000万，2023年度总阅读量超过35亿，传播效果实现跨越提升。海外方面，有5个平台（Facebook、Twitter、Youtube、Instagram、Vk）、3种语言（英语、西班牙语、俄语），共11个账号。

二、优化管理重构业务流程激发内生动力

中国石油报社坚决贯彻落实习近平总书记关于媒体融合发展系列重要讲话精神，以5G智慧融媒体生产管理平台的搭建，反向驱动新闻生产供给端体制机制变革，进行业务流程再造、生产单元重构、生产方式优化，推动报社内容资源共享互通、发布渠道高效融合，充分发挥一体化效应优势。

部门改革"融"。一是强化总编室职能，全面加强策划能力建设，按照统一指挥、分级策划、力求精品的思路，建立健全策划、执行、评估的工作机制，分级分类谋划重大主题报道和阶段性重要报道。尤其要加强对重要节点、重大事件、重点企业新闻的统筹，每年谋划若干长周期的全媒体新闻行动，引导主题报道走深走实。二是将中国石油报、石油金秋报等纸媒集中到一个平台，实施专业化管理，做精纸媒编辑业务。三是把新媒体从采访业务中独立出来，与党建信息化中心整合到一起，实现新媒体平台的专业化运营，大力发展新媒体业务。四是着力强化媒体技术、组建媒体技术中心，归口管理媒体技术和信息技术，统筹发展新媒体技术。

流程再造"融"。中国石油报社围绕重大主题新闻报道，按照"全媒体策划、一次采集、多元发布、多维度评价"思路，最大限度整合各采编部门资源，优化新闻生

产流程，实行编前会、周采编工作例会、月度新闻采编工作会、采编分享交流会的"四会"机制；建立报社级、编委级、部门级三级重点选题管理规范和运转流程，实现选题闭环管理。

创新实践"融"。中国石油报社不断创新绩效考核机制和人才激励机制，为媒体融合的深入推进提供机制保障。加强人才成长通道建设。以业务能力为晋升标准，实行经营管理和专业技术岗位"双序列"，建立健全行政和业务技术职务双轨制，最大限度调动各类采编、互联网、技术、运营、视觉等专业人才的活力和创造力，充分发挥专业技术人才的创新作用；搭建创新工作载体，建立重大题材"揭榜挂帅"机制，完善青年创新项目机制，发掘一批具有潜力和价值的创新项目，充分调动各类人才创新积极性主动性，开辟中国石油报社融媒发展的"小岗村""试验田"，为报社的高质量发展注入新的活力和动力。

近年来，在体制机制、组织架构、生产流程等方面实施"超融合"改革创新，促进了传统媒体转型，推动了新媒体和国际传播业务的跨越式发展。2023年，新媒体工作日的日均阅读量超1500万，总阅读量超过35亿，海外社交媒体账号阅读量4.8亿，都实现了成倍增长。可以说，从传统媒体到新媒体，从国内新闻到国际传播，重塑了石油主流舆论新格局。

三、创新驱动构建媒体深度融合模式

日新月异的媒体技术，加速开拓着媒体边界。技术创新是媒体融合发展的驱动力。报社贯彻落实"数智中国石油"总体部署，提出"数智报社"建设目标，加强对媒体技术发展的组织领导，围绕管理变革、业务发展、技术赋能三条主线，研究制定报社数智建设总体规划方案，指导报社向数智化方向加快发展。

2020年9月15日，中国石油报社5G智慧融媒体生产管理系统完成主体功能开发并上线内测，12月25日上线模拟试运行，2021年2月22日正式上线运行。全媒体采编管理子系统是融媒体生产管理系统的核心，是推动报社业务转型和融合发展的底层框

架。可支持在一套独立的编采体系内完成"报刊网端微视频"等多种渠道和多种形式的媒体产品的新闻采集和编辑加工。

目前,中国石油报社通过三年多的探索和实践,已经构建起"1+N+80"的媒体深度融合模式,即打造1个以报社为基地的集团级融媒体中心,搭建若干与各企业共建共享、互联互通的企业级融媒体平台,建设以80多个记者站为区域前沿纽带的融媒体基站。2024年5月,中国石油融媒体中心依托《中国石油报》社有限公司设立,与石油报社实行"一个机构,两块牌子"。

"1+N+80"模式按省、县级融媒体中心建设模式,探索大型央企新闻宣传垂直融合媒体传播生态建设,中国石油所属企业新闻宣传工作可通过记者站记者和通讯员、企业宣传部长通道、新闻中心通道、合作办报和办新媒体、融媒系统搭建、油云App共享入驻等6种方式与报社融媒体生产管理系统对接。汇集后发优势,整合全媒体采编、新媒体矩阵管理、大数据、云计算、人工智能等领域多家成熟新技术产品,通过整合优化、集成创新,打造了先进适用的全媒体业务一体化管理平台。

5G智慧融媒体生产管理系统的开发建设与运行以来,得到业界同行好评。2021年7月,报社5G智慧融媒体生产管理系统开发建设,荣获中国新闻技术工作联合会"2021年王选新闻科学技术奖"二等奖;2021年,报社5G智慧融媒体建设入选中国出版集团"2020年度全国新闻出版深度融合发展创新案例";2022年12月,报社"5G智慧融媒体生产管理系统开发建设"获得中国行业报协会2022年"首届中国行业媒体融合发展创新案例";2023年3月入选中国行业报协会"首届中国行业媒体融合发展创新案例(体系建设类)"。

1	1、2. 中国石油所属企业新闻宣传工作可通过
2	6种方式与报社融媒体生产管理系统对接
3	3. 2021年7月，荣获中国新闻技术工作联合会
	"2021年王选新闻科学技术奖"二等奖

四、以实战练兵提升全媒体传播力影响力

优质内容生产是立身之本，是核心竞争力。全媒体时代，面对媒体生态之变、传播格局之变，中国石油报社主动拥抱变化，坚持内容为王，始终保持内容定力，不断深化内容生产供给侧结构性改革，生产更多融媒精品，牢牢守住舆论阵地，为建设基业长青世界一流综合性国际能源公司提供一流的舆论保障。

（一）以"融"赋能，标准动作出新出彩

以"新春走基层"为例，报社充分发挥融媒优势，本部和记者站一体化运作，策采编发等全链条"融"生产，采写报道了一大批沾泥土、冒热气、带露珠、有油味的全媒体作品。2023年，中国石油报社的"新春走基层"获中宣部和中国记协表彰，获"新春走基层"活动先进集体、先进个人、优秀作品3项荣誉。与中国行业报协会、新华社新媒体中心联合策划，推出的"实干中国"系列策划首期融媒报道《戈壁滩上输气人》，先后被113家央媒账号、1400余家社交媒体账号转载，7天全网浏览量2.4亿。

2024年，报社先后组织124名记者兵分28路开赴天南地北、五洲四海，报道中国石油为中国式现代化加"油"争"气"的生动实践。累计刊发全媒体作品2878篇（幅）、专题版面25个、视频202条、点赞量117.6万、点击量超7815万。创下报社历年来"新春走基层"报道人数最多、采访覆盖面最广、产品形态最丰富、产品数量最多、传播声量最大"五个之最"，实现传统媒体、新媒体、国际传播数量各占1/3的结构性变化。

2024年"新春走基层"，报社形成了直播、慢直播、推文、新闻专题等多种产品。《温暖回家路》慢直播被新华社纳入春运专题"流动中国"系列报道，并置顶展示，浏览量超过15万。万米科探井塔克1井的SVG科普动漫被中国科技馆收藏并展播，万米深井、铁骑返乡等报道被新华社、央视、中国网、国资小新等国内主流媒体转发或推送，实现了行业新闻的"破圈"传播。

《中国石油报》2023年新春走基层版面

1 　　1. "实干中国"系列策划首期融媒报
2 　　　　道《戈壁滩上输气人》
　　　　2. 中国石油报社记者李博（左）在
　　　　　塔里木油田西气东输第一站采访

（二）以"融"聚能，提升重大品牌活动影响力

2023年5月，按照中国石油集团党组的统一安排部署，在党组宣传部的有力领导下，中国石油报社周密筹划，认真组织，整合内外部媒体资源，启动了首届"感动石油人物"推荐宣传活动。

活动从启动到颁奖典礼，先后完成100多家单位、123个先进典型的宣传展播，36个候选人（团队）的评审和全媒体报道，网络投票达到166万人次，评选出首届"感动石油人物"11个人和3个团队，拍摄制作专题片14部，高质量举办颁奖典礼，受到各方好评。中央广播电视总台、新华社客户端、人民网等10余家中央主流媒体采访报道，超过100家媒体平台参与直播，颁奖典礼观看量突破1600万人次，活动全网总浏览量超过3000万人次，进一步激发了广大干部员工干事创业的精气神，传播了中国石油好形象。

（三）以"融"释能，创新国际传播话语体系

聚焦共建"一带一路"倡议提出10周年暨中国石油"走出去"30周年，中国石油报社发挥矩阵优势，联合海外石油企业一起策划组织"打卡'一带一路'"全媒体新闻行动，推出"海外石油人"系列作品20期、"走进海外油气合作项目"系列作品15期。

其中，《吴妮卡的家》用吴妮卡的童真视角，介绍吴家人、父母的工作、和父母一样成千上万的海外石油人，细腻温馨，感人至深。吴妮卡讲述父母的爱情、介绍一家人幸福生活的同时，展现了中国石油对国际雇员的关心关爱，着力构建企业员工之间、员工与家属的融洽关系，为公司发展营造了良好和谐的氛围。视频全球浏览量超过2.4亿，知名媒体包括雅虎财经、福克斯新闻、美国全国广播公司、华盛顿每日新闻等，取得良好的传播效果。

通过融媒实践，我们充分认识到：优质内容是融媒时代的价值王道，决定了传播的高度；渠道平台是融媒时代的流量担当，决定了传播的广度；前沿技术是融媒时代的创新引擎，决定了传播的锐度；管理体系是融媒传播的机制保障，决定了传播的韧度。

新征程，新使命。中国石油报社作为行业媒体的"主力军"，将继续积极挺进媒体融合深水区、主战场，让中国石油的声音响彻主流宣传主阵地，面向全球讲好中国故事，为以中国式现代化全面推进中华民族伟大复兴提供强大的舆论支撑。

1　　1. 首届"感动石油人物"颁奖典礼现场
2　　2.《吴妮卡的家》视频截图

新闻+科普+服务

——打造行业特色新型主流媒体

....

中国气象局气象宣传与科普中心（中国气象报社）党委书记、主任（社长）

王雪臣

....

在2019年新中国气象事业成立70周年之际，习近平总书记重要指示指出，气象工作关系生命安全、生产发展、生活服务、生态良好，做好气象工作意义重大、责任重大。作为气象行业唯一的新闻机构，中国气象报社始终立足行业、服务大众，坚持将举旗帜、聚民心、育新人、兴文化、展形象的使命任务与气象服务国家、服务人民职责紧密结合，大力推进新型行业主流媒体建设，打造新闻+科普+服务融合发展模式，使宣传科普深度融入气象防灾减灾第一道防线和服务人民美好生活。

一、创新组织重大天气"一过程一策"

在气候变暖大背景下，全球极端天气气候事件呈现多发、重发趋势。台风、暴雨、高温等灾害性天气频繁影响我国。为做好灾害性天气舆论引导工作，在中国气象局指导下，中国气象报社以重大天气预警为先导，创新内外联动机制，优化宣传科普产品供给，分过程、分区域组织开展"一过程一策"舆论引导工作，宣传科普与预报服务密切配合，助力提升气象服务成效。

一是健全应急联动机制，精细化统筹部门资源。加强气象部门宣传科普资源的统筹组织，建立一体策划、科普先行、全媒采集、权威发布、舆情监测、传播评估的全链条流程机制。在重大天气过程来临前，组织开展国省宣传科普联合会商，与中央气象台等气象国家级业务单位和受影响省份气象部门建立即时沟通联系群，根据天气特点和舆情风险提供工作提示，加强指导和宣传科普素材共享。

二是提供针对性科普产品，优化科普服务。利用气象科普产品库，提前制作并更新汛期气象灾害防御科普产品，根据具体天气过程预报结论，分时段、分区域地为受影响省份提供形态多样、针对性强的科普产品清单。同时，通过媒体沟通渠道和各地气象部门向社会媒体主动提供科普产品，扩大科普覆盖面和传播力。

三是建立媒体绿色通道机制，开展互动式、递进式信息发布。与中央媒体建立"绿色通道"机制，实现新闻通稿快速直达，受到媒体广泛欢迎。根据天气特点、进展情况以及舆情情况，组织开展递进式线上线下媒体通气会，注重发挥专家的专业、权威作用，国省结合、上下联动，组织国家级业务单位和受影响省份气象部门进行及时滚动发布。

四是精细把握宣传科普时度效。根据预报与实况情况，找准科普切入点，把握宣传科普节奏。在天气过程前注重预报极端性和防灾提醒，提前广泛发布防灾避险科普产品；在天气过程中，注重宣传实况以及服务情况，遇到复杂天气和预报不准确情况时，及时通过专家科普解疑释惑，回应社会关切；在天气过程中和临近结束时，深入挖掘典型案例，广泛宣传气象人精神。

通过近年来的探索，"一过程一策"取得了积极的成效。例如，在2022年汛期，针对长江中下游高温干旱、台风"梅花"等重大天气过程，组织线上线下媒体通气会16场，推出专家解读39期，向各单位和媒体提供科普产品近百个，运营14个微博话题浏览量超千万、7个话题浏览量超亿，有力有效引导舆论。在2022年5月广州暴雨"姗姗来迟"、部分公众质疑预报准确性时，联合深圳市气象局策划推出科普短视频，中国气象微信公众号推出时评，及时解疑释惑。在重庆火灾期间，挖掘策划新媒体产品《重庆北碚"以火灭火"！气象人"借"了把关键的东风！》，全网阅读量超过300万；策划推出《累倒在山石上的女气象局长，为了啥？》登上微博热搜榜。

二、构建重大天气大联动直播机制

在极端天气频发、重发背景下，及时向公众提供针对性的气象科普产品是提升气象预报服务效益的重要手段，也是气象防灾减灾链条的重要一环。

面对新的形势，为解决气象科普特别是应急科普存在的覆盖面不全、针对性不强、及时性不够的问题，中国气象报社完善与主流媒体及信息平台合作机制，探索建立了重大灾害性天气应急科普宣传直播大联动机制，与数百家媒体建立了常态化的沟通协作机制，充分利用气象部门宣传科普专业策划和专家资源优势，有力扩大气象应急科普覆盖面，有效支撑了重大天气服务应对。

针对2023年第五号台风"杜苏芮"登陆风雨影响及其北上引起的华北极端强降雨，中国气象报社策划推出两场大型直播。7月25日起联合国家气象中心、国家卫星气象中心、福建省气象局、广东省气象局等单位以及人民日报、新华社、央视、东南网、南方日报等媒体发起《直击台风"杜苏芮"超长直播》，整场直播全面覆盖台风登陆前、中、后。直播持续超过72小时，103家中央及地方主流媒体一线网络平台共同参与转播。人民日报微博直播观看人数超过3000万，推动微博话题登上热搜。中国气象局抖音账号1200余万人收看。百度将直播置于百度搜索引擎首屏首栏，央视频首页推荐，应急管理部等政府官微转播。直播画面持续在福建、广东等地部分基层防汛防台风部门指挥大厅大屏上播出，在决策服务中发挥效用。全网总播放量突破1.5亿，成为现象级传播。

针对2023年京津冀等地极端强降雨，7月29日联合国家气象中心、国家卫星气象中心、气象探测中心及京津冀地区气象部门启动《全景直播京津冀极端强降雨》，邀

1

2

1. 直击杜苏芮超长直播 记者在
   福建一线
2. 直播截图

1 | 2

1. 台风杜苏芮网站专题截图
2. 气象科普产品共享网页截图

请专家解读分析，展示气象监测实况，其中基层连线直播40余轮（次），滚动播放"名家讲科普"等科普视频，人民日报、新华社及京津冀地区主流媒体81家参与直播，被人民日报客户端直播频道置顶推荐，新华网微博同步转发推荐。直播全网播放量达1.7亿，仅人民日报微博单平台的播放量就超过4000万。直播同时落地北京、天津等地气象、防汛部门指挥大屏，北京市委书记尹力、天津市常务副市长刘桂平等领导在检查暴雨防御工作时，观看了直播内容。

同时，中国气象报社加强与主流媒体联合策划，积极提供新闻素材，有效提高气象信息传播力。例如，在台风"杜苏芮"影响期间，"中国气象局启动台风一级应急响应"在央视《新闻联播》播出，邀请央视记者走进气象探测中心直播气象雷达监测能力，央视《新闻1+1》连线中央气象台首席预报员深入解读华北极端强降雨；2023年，中国气象报社与微博、今日头条、抖音、快手等主流移动端信息平台探索构建了应急气象科普绿色通道机制，助推扩大气象灾害防御科普覆盖面。

三、组织开展互动式、递进式科普解读

为做好重大天气科普解读宣传，中国气象报社强化组织协调，每日安排应急记者参加中央气象台全国天气会商，在启动重大气象应急期间，社领导参加天气会商，根据天气发展趋势，组织专题滚动策划，特别是组织针对性解读，成为引导社会舆论的重要手段。

在2023年台风"杜苏芮"及其北上引起的华北强降雨期间，每日组织开展专家解读。解读均突出天气的极端性和气象预警，广泛警示风险，例如，中国气象局微信公众号在26日第一时间发布台风红色预警消息，阅读量迅速超过120万。在台风登陆前，推出解读《五问台风"杜苏芮"！强度堪比超强台风"莫兰迪"？》，通过历史台风案例对比，警示其极端性，在台风登陆后即将北上时，推出解读《注意了！台风"杜苏芮"北上！这些地区警惕极端降雨！》。

在暴雨红色预警发布后，策划推出解读《"杜苏芮"北上制造极端暴雨，原因

为何？》《京津冀暴雨要下几天？什么是"列车效应"？》，联合中央气象台绘制通俗易懂的天气形势示意图，得到近百家媒体转发。针对京津冀地区特别是北京主城区在30日降雨平缓的情况，连续滚动推出降雨实况产品及暴雨量级解读《雨还在下！京津冀地区累计最大降雨量已超过500毫米，不可放松警惕》《探秘|究竟什么是"暴雨"？为何"观感"有不同？》，后者被人民日报微博转发，阅读量达780万。7月31日至8月1日，针对北京、河北出现严重灾情的情况，推出解读《复盘|致灾严重的华北极端强降雨，究竟下了多少雨！？》专家视频并制作数据新闻图解，得到北京日报、河北日报、新京报及央视、新华社、人民网等媒体转载，引导公众客观看待灾情。

在2023年12月10日至15日我国中东部地区大范围雨雪和寒潮天气过程中，针对降雪量级、雨雪相态、致灾风险等公众关心的问题，特别是对能源、交通、城市运行等领域的影响，中国气象报社策划推出《多大的雪才是暴雪，为何观感不同？》《雪到底有多重？为何能压垮临时搭建物？》等"一探究竟"系列新媒体科普产品6个、专家解读5期，广泛提示极端低温叠加可能带来的灾害风险，得到媒体广泛转载。

四、打造气象科普品牌活动

近年来，中国气象报社积极发挥气象国家级单位示范引领作用，统筹行业科普资源，着力打造气象科普品牌活动，发挥气象科普趋利避害作用。坚持将专家摆在科普主体位置，突出权威、专业特征，打造"接地气"形象，加强组织谋划，完善工作机制，实现科普产品时效化、活动业务化、业务规范化，广泛调动专家积极性，着力解决制约气象专家"不会做""不敢做"科普的问题，同时加强与科协等部门联动，推动构建气象大科普工作格局。

组织开展"名家讲科普"，打造气象科普名家。 自2022年起，顺应媒体传播移动化、可视化传播方式，创新技术手段，连续两年组织"名家讲科普"活动。一是加强统筹规划，年初围绕不同季节特点、地域特色发布72条创作指南目录，对科普主讲人提出具体要求、提供示范模板，保证了征集到的科普短视频形式规范、质量稳定、全年连续、各具特色。二是强化科普时效性、通俗性、生动性创作，建立专门任务小组，针对气象科普热点话题，从国家级单位气象专家着手，以公众喜闻乐见的方式，开展科普视频创作示范，推出了一批生动活泼的视频产品。三是联合央视频、抖音、快手等平台，开展联合推广，进一步扩大气象专家讲科普知名度。

自2022年起，"名家讲科普"活动累计征集作品147件，120名从事一线业务工作的气象专家积极参与，相关短视频在人民日报客户端、学习强国、央视频、抖音、快手等平台展播，全网浏览量近1亿，形成"打开'天'窗""大V说气象""气象微课堂"3个品牌栏目。活动激发了广大气象工作者直面镜头、参与科普工作的积极性，打造了张涛、周兵、周禹等一批具有社会影响力的气象科普名家。

组织"千乡万村气象科普行"活动，助力乡村振兴。 在中国气象局、科技部、中国科协组织下，自2022年，中国气象报社联合中国气象学会秘书处，创新模式，整合全国资源，连续两年组织"千乡万村气象科普行"活动。两年间，活动组织气象专家走近领导干部、农业从业人员、青少年等重点人群，发挥专业优势，以科普赋能气象为农服务，助力乡村振兴。组织气象专家和科技人员深入田间地头，面向基层防汛成员单位负责人、村干部（气象信息员）等开展气象灾害防御专题讲座，帮助他们全面认识灾害性天气发生规律，强化气象防灾减灾责任意识，提高科学决策能力；面向乡村网络员、种植户进行乡村特色农业实地指导，普及利用气候资源趋利避害的科技知识，以科普促进农业气象科技成果转化应用；走进校园，开展形式多样、内容有趣的气象科普活动，提升青少年气象灾害防御能力。活动有效拉近了气象科技工作者和乡村干部群众、青少年的距离，并将实用性气象科学知识传递到了基层。

两年间，"千乡万村气象科普行"活动已在全国走进了610个市（区）、2325个县、4788个村，举办科普活动5154场，包括走进校园1685次、开展科普讲座2350场，科技工作者参与人数超1.4万，受众人数达1071余万，气象科技创新成果和气象科学技术知识通过形式多样的科普活动广泛惠泽于民。

五、大力推进媒体深度融合发展

近年来，中国气象报社瞄准打造新型行业主流媒体，着力加强基础能力建设，制定实施了业务高质量发展三年行动计划，努力建立协同高效、统筹集约的业务管理体系，构建品牌引领、协调发展的业务服务体系，建设智能创新、集约共享的技术支撑体系，以"中国气象"品牌为龙头，打造系列名作品、名活动。

以移动化、可视化为导向，大力推进机制创新、平台融合，形成"全媒策划、一次采集、多种生成、多元发布"的全媒体采编流程。2020年成立中国气象融媒体视觉创意工场，2022年成立新媒体中心、信息技术部，从机构和体制机制方面加强短视频移动业务。面向气象行业做精做细服务，承担运维中国气象局政务网站和新媒体建设，利用权威的纸媒和强大的网络传播平台，深入开展气象科普，精细化服务气象行业各类主体。整合气象行业内外宣传资源，高质量建成中国气象局融媒体中心。

中国气象报社现已构建由《中国气象报》《气象知识》杂志，中国气象新闻网、中国气象局网、中国气象科普网，中国气象局及中国气象微博微信组成的一报一刊三网"两微"及新媒体平台的全媒体业务格局，形成行业媒体矩阵。全媒体平台覆盖用户数量超过5000万。年均策划制作发布短视频近1000个、开展融媒体直播十余次，推出了一批融媒体精品。例如，2021年7月，河南特大暴雨期间，独家报道《被洪水"冲跑"的气象局长，到底经历了什么？》引起广泛关注，被《人民日报》、新华社等媒体转载，全网阅读量超过10亿。"聊天儿"系列科普数据新闻获典赞·2020科普中国十大科普作品，2021年原创新闻报道《我国南极昆仑站和泰山站气象站"转正"》荣获第32届中国新闻奖。

人才是事业高质量发展的动力。中国气象报社高度重视全媒体人才建设，制定实施高层次人才计划实施办法，全方位引入和培养全媒体复合型人才，结合气象行业特点，采取多样化的激励机制，推出一批首席记者（编辑）、首席科普专家，努力打造一专多能型记者（编辑），采编人员普遍具备"写、拍、演"全媒体能力。目前，报社有3名人员入选中国气象局青年英才、1名专家入选中宣部宣传思想文化青年英才。

　　下一步，中国气象报社将深入学习贯彻习近平文化思想、习近平总书记关于新闻舆论工作和科学普及工作的系列重要讲话精神，以提升气象宣传传播力、引导力、影响力、公信力和提高公民气象科学素质为目标，坚持效益优先、联动互动、集约发展，大力推进宣传科普业务现代化，建立和完善与气象高质量发展相适应的体制机制，着力深化开放合作，构建大宣传科普格局，更好地担负起"举旗帜、聚民心、育新人、兴文化、展形象"的使命任务，以高质量气象宣传科普助力气象高质量发展。

融媒背景下行业报实现守正创新目标的路径选择

金融时报社党委委员、总编辑
姜再勇

· · · · · · · · ·

　　面对全媒体融合发展的潮流，我们的融媒意识、处理复杂融媒业务的知识准备是否更加充分，是否更有信心投身全媒体主战场，在汹涌的新媒体大潮中奋楫扬帆，应该是我们在学习贯彻习近平新时代中国特色社会主义思想主题教育中，实现学思用贯通、知信行统一的基本要求。我们应进一步提高政治站位，切实增强把握舆论导向的能力和新闻采编的合规意识，促进融媒背景下行业报实现守正创新的目标。

　　下面，我就围绕"融媒背景下行业报实现守正创新目标的路径选择"这一课题，谈谈自己的学习调研心得。

一、融媒背景下行业报守正创新的目标

（一）守正的目标

一是守正确政治之正。以学习宣传贯彻习近平新时代中国特色社会主义思想为行

业报新闻工作核心，不断提高政治站位，高举党媒旗帜，放大党媒声音，引领社会舆论导向，更加深刻认识"两个确立"的决定性意义，增强"四个意识"，坚定"四个自信"，做到"两个维护"。

二是守社会主义意识形态阵地之正。习近平在党的二十大报告中强调：要建设具有强大凝聚力和引领力的社会主义意识形态，广泛践行社会主义核心价值观，提高全社会文明程度，繁荣发展文化事业和文化产业，增强中华文明传播力影响力。这一重要要求，为更好构筑中国精神、中国价值、中国力量擘画了方向，为巩固全党全国各族人民团结奋斗的共同思想基础提供了遵循。行业报作为党媒，要义不容辞地坚守社会主义意识形态阵地。

三是守传播正能量之正。在信息渠道、新闻平台日益多元化，自媒体高度发达的背景下，各种舆论纷繁复杂，负面、消极的报道时有影响，甚至赚足了流量。作为主流媒体，不能片面追求点击量，不能为流量折腰，必须以传播社会主义核心价值观为己任，向社会传播正能量。

四是守促进行业健康发展之正。《金融时报》即为例证。作为现代经济核心的金融业，具有高度的社会影响力和风险外溢性，事关社会经济稳定健康发展，事关金融投资者和消费者的切身利益。报道金融政策、金融风险事件，必须做到准确、客观、适时、适度；必须时刻将金融稳定、国家大局和人民利益牢记在心里；防止出现误导社会心理预期，破坏金融市场稳定性的新闻报道。

（二）创新的目标

在媒体行业，守正与创新是辩证统一的。这就启示我们，不创新就难以守正。行业报的创新，不应少于以下四个方面目标。

创传播内容之新。以《金融时报》为例，要紧跟金融政策、金融市场、金融机构、金融服务和产品不断发展的步伐，报道新政策、新业务，稳预期、提信心、促发展。普惠金融、绿色金融、金融稳定、金融改革一直是在党中央集中统一领导下的重点工作，需要深入持续的多角度、全方位报道，也需要做好舆论引导工作。

创传播方式之新。纸媒与新媒统一协调发展，两手抓，两手都要硬，并且尽快实现由"我中有你，你中有我"到"我就是你，你就是我"的转变。

创传播领域之新。既在行业内传播，也努力形成跨行业的影响力。既面对机构，也不断扩大个人受众群。既发展老年、中年用户、读者，也积极向青少年领域挺进。

创传播管理机制之新。适应融媒发展需要，重塑采编工作机制、激励机制、人员使用和提拔机制，充分调动干部职工开展融媒工作的积极性。

二、融媒背景下行业报发展的路径选择

一是充分发挥为行业主管部门管理新闻舆论的功能。行业主管部门具有政府公信力，其新闻舆论的管理和输出极端重要。如果行业报得到主管部门授权，为其管理新闻舆论，行业报就被赋予了一项光荣的政治任务，就应全力以赴、不辱使命。当然，这项任务，也会为行业报发展增添动力。

二是纸媒应瘦身健体。不可否认，纸媒依然在行业报的营业收入中占比较大。对于绝大多数行业报来说，这种格局都应被视为媒体融合发展的过渡期。这个过渡期非常宝贵，务必在此期间结束转型发展的阵痛。而纸媒瘦身健体，就是向全媒体融合发展迈出重要一步。所谓瘦身，就是减少纸媒版面，将纸媒节约下来的人才，用于新媒体事业发展；所谓健体，就是强化深度报道，用小切口反映大主题，在深入采访中见人见事见分析见道理。

三是应以客户端为中心打造新媒体矩阵。纸媒的接盘侠主要是客户端。客户端的发展状况，就是行业报是否成功转型的标尺。壮大客户端，需从内容与服务两方面同时入手，不可顾此失彼。同时，也需辅之以吸流、引流手段。现有优秀可视化产品的巨大传播力提醒我们，除了深度报道、逻辑深邃的理论文章之外，可视化产品是传播各类稿件的最有效载体。行业报下大力气研发可视化产品，是在全媒体主战场发挥主力军作用的必由之路。

四是充分利用媒体传播平台。在以客户端为中心的新闻生态圈尚未形成的前提

1 2   1. 金融时报社新媒体矩阵
3   2. 金融时报客户端
       3. 金融时报演播室

1 2　　1. 金融时报公众号

2. 金融时报微博

下，行业报若不借助平台，就不能扩大"四力"。对传播平台的依赖度与客户端发展程度呈负相关性。现阶段，在无流量收入分享环境中，主动向传播平台推送产品是不得已而为之的选择。

相信经过以上努力，行业报将不断增强"四力"，以更加优质的报道高质量完成党中央交给我们的各项新闻舆论工作任务。

系统联动助推媒体融合蝶变

....

教育部政策法规司司长，时任中国教育报刊社党委书记、社长
张文斌

....

党的二十大报告明确提出，要"加强全媒体传播体系建设，塑造主流舆论新格局"。面对科技变革、媒体格局变化带来的新挑战和教育强国建设提出的新要求，如何进一步推进媒体融合，加强全媒体传播体系建设，是摆在教育主流媒体面前的重大课题。我社坚持守正创新、系统联动，以提升优质内容生产力为根本，以增强技术应用为支撑，以构建"媒体+"服务体系为重点，以深化机制创新为抓手，不断推进媒体融合迭变，媒体传播力、影响力稳步提升，覆盖综合用户超1亿，年度新媒体端总流量46亿多。

一、聚焦优质内容，大流量澎湃正能量

习近平总书记深刻指出："内容永远是根本，融合发展必须坚持内容为王，以内容优势赢得发展优势。"作为行业媒体，我们深刻认识到内容建设对媒体深度融合的重要性，力求基于报刊网端微融合发展，守正创新，提升优质内容生产力，追求"正能量+大流量"，向全国广大师生传播教育主旋律、好声音。

突出主责，强化方向引领。作为教育部党组主管的教育主流媒体，我们坚持通过重大时政报道、重大政策报道、重大典型报道、重大评论理论报道，服务教育部党组中心工作，服务教育改革大局。在实践中，我们的内容建设坚持"上接天线"和"下接地气"相统一，全方位、多层次宣传阐释以习近平同志为核心的党中央关于教育工作的决策部署，持续反映教育系统学习宣传贯彻习近平新时代中国特色社会主义思想的思路举措、生动实践，推动党的声音深入基层、深入人心。

2023年是全面贯彻落实党的二十大精神开局之年，是实施"十四五"规划承上启下的关键之年。我们策划推出了"新时代新征程新伟业"专栏，围绕习近平总书记重要活动等，深入报道所涉地区、领域、学校的教育改革发展重大经验，反映教育战线在新思想指引下的创新实践和精神风貌；推出"嘱托·总书记回信精神激励我"融媒体系列报道，深入采访习近平总书记曾经回过信的13所大中小学百余名师生，在教育战线引发热烈反响；围绕教育部党组中心工作，将"加快教育强国建设"作为全年新闻宣传的重中之重，报刊网端微同步推出"强国建设教育担当""教育强国大家谈"栏目报道，形成巨大立体宣传声势。

深化融合，放大协同效能。我们通过深化改革，推动媒体融合向纵深发展，在加快全媒体传播体系建设、塑造主流舆论新格局中迈出坚实步伐。我们坚持"一盘棋"，报、刊、网、端、微及各媒体平台相互借力、相互赋能，融为一体、合而为一，尽可能放大一体化效能；各部门各负其责，精诚合作、协同作战，借助各种资源、媒介和渠道，实现多元传播，扩大品牌影响，全力构建全介质、全渠道、全天候的深度融合全媒体传播体系。如今，我社已没有传统意义上界限分明、各司其职的文字记者、视频记者，我们要求每一个采编人员都能写、能拍、能剪、能播，锻造全新的数字媒体生产力。

例如，互动H5《听，党代表讲思政课》用手绘的形式把党代表的故事讲给用户听，用户可以选讲师选问题；2023年全国高考当天，中国教育报移动端推出高考现场直击系列短视频，10个城市16个短视频第一天观看就达211万人次。

中国教育报刊社《走进冬奥》直播

加强传播，拓宽社会影响。 在移动互联网成为舆论主阵地、市场化资讯平台占据流量"C位"的今天，如何拓展全网全渠道的传播路径，提升传播能力和传播效果，是媒体必须着力的又一重点。我们统筹好"造船出海"和"借船出海"两条发展路径，一方面不断建立和巩固网站、移动端等自有平台；另一方面致力于用好第三方平台，包括主流媒体平台如人民号、强国号等，以及微信公众号、头条号、百家号、抖音、快手等，采取"全渠道+差异化"的推广策略，拓展舆论阵地，提升影响力和引导力。

二、紧跟技术前沿，数字化赋能新闻生产

当前，数字化、网络化、智能化的浪潮滚滚向前，技术变革推动媒体变革的力度和广度前所未有，我们必须深入把握技术发展新趋势，加强新技术新手段的应用，进一步推动媒体深度融合，做大做强新型主流媒体。

搭建"中教智融云平台"，优化内容生产传播流程。 通过研判吸收新技术发展趋势和前沿应用，立足教育行业媒体实际，我们自主设计了融媒体采编技术平台"中教智融云平台"，整合社属媒体的采编力量和内容产能，优化再造"舆策采编发传评"七位一体的新闻生产和传播流程。同时，依托该平台组建了常态化运行的"中央编辑部"，实现统人、统事、统流程、统资源、统内容"五统筹"，实行全员、全网、全渠道、全平台、全流程、全天候的"六全"工作机制。这些探索让我们在运用新技术推动媒体融合方面走在业界前列。

强化新技术融合应用，创新内容生产传播方式。 本着"点线面体"协同推进策略，我们鼓励支持社属各媒体、各部门、各项目团队在具体业务环节加大对新技术的研究吸收和创新实践。例如，引入数据抓取分析、智能剪辑、图片自动生成等成熟应用，为内容生产赋能，推出数据新闻、数据报告、短视频新闻、主题榜单等新型内容产品；针对移动社交平台传播需求，积极探索使用AI语音、虚拟数字人等智能化呈现形式。新技术应用有力提升了媒体融合的效能，如全国两会期间推出"代表委员@

你"观点短视频，采用数字主播播报的形式，部门与部门、内容与技术之间实现了"1+1>2"的融合效果。

深挖数据要素价值，构建数据业务体系。数据是数字化时代的新型生产要素，是媒体深度融合的"新动能"。基于多年教育舆情监测分析的经验和技术积累，我们抢抓数字化发展机遇，立足教育行业数据开发与应用，统筹推进系统平台建设、数据模型研制、产品研发和数据服务等业务，初步建立与媒体深度融合相适应的数据业务体系和工作机制。为深挖行业数据要素价值，我们搭建了"教育行业数据监测与监管服务平台"，通过"网格+主题"的方式，实现教育行业网格化实时监测分析，强化数据知识化处理与产品化应用，为融媒体内容生产和教育传媒智库服务提供了定制化平台支撑。建立了行业监测、专家协同的智库内容生产机制，实现了主题数据、舆情分析、教育情报、主题报告等智库产品的常态化产出，有效提升了"对内、对上、对行业"的服务效能。

不断优化人才结构，建设多元化复合型团队。我们整合现有技术力量，逐步建立网络安全维护、技术应用与产品研发、数据开发"三位一体"的技术保障与创新发展机制。通过技术协同型项目，积极吸收整合外部技术力量，面向高校、科研机构、互联网技术企业，探索建立"混合编队、定制开发、利益共享"的合作机制；建立技术前沿动态交流机制，加强技术信息和情报的收集分析，定期开展交流研判，增进对数字化新技术新应用的了解把握和吸收运用；根据新业务发展需要，评估数字化人才需求，通过招聘培养、人才引进等方式建设多元化复合型人才队伍。

三、深耕教育行业，构建"媒体+"服务体系

在信息渠道、内容供给呈爆炸式发展的今天，媒体只有与用户建立深度联系，才能够获得用户持久的注意力，对于行业媒体来说，这种深度联系就是面向本行业的专业服务。

作为教育行业媒体，我社服务的对象从各级教育行政部门、各级各类学校，到

1800多万教师、近3亿学龄人口以及广大家长，涉及面广，需求多样。我们细分用户特点，注重用户体验，助力教育改革发展，努力打造"媒体+"服务体系，探索拓展媒体功能，重塑媒体角色。

服务教育决策治理，建设媒体智库。建设教育强国、办好人民满意教育是教育系统贯彻落实习近平新时代中国特色社会主义思想的有力举措，也对教育决策治理提出了更高的要求。如何及时有效了解舆论动向、基层实践和群众诉求，使决策和治理更加科学准确？我社主动作为，充分发挥行业媒体优势，围绕教育部党组中心工作，开展智库服务。

我们利用自身掌握的教育行业媒体大数据，将海量的、一次传播的、易碎的教育信息汇聚加工成为可供用户解决教育热点难点问题、提高决策治理水平的智库产品。近年来，我们定期向教育部党组提供教育舆情内参，多次受到部领导批示肯定。针对教育改革发展重点任务，例如"双减"、来华留学等，为教育部多个司局定制加工主题智库报告。

我们还利用遍布全国各省市的新闻采编队伍，围绕当前教育改革发展的重点问题开展实地调研。例如，面对教育数字化发展的新形势，2023年国庆节前后，我们组织力量开展关于国家智慧教育平台基层使用情况的调研，派出11个部门、5个记者站的19名记者，兵分六路赴山东、江苏、安徽、湖南、重庆、新疆访谈250余人、发放问卷2万余份，形成6万余字的调研报告，受到部领导的高度评价。

服务区域教育质量提升，打造品牌"产品"。面对各级各类教育行政部门和学校教育管理者提升教育质量、提高教育管理水平的需求，我社利用专业资源和平台优势，打造了一系列服务产品。

针对各地各类教育管理者获取行业信息的需求，我们在新闻报道的基础上，开发了面向学前教育、基础教育、职业教育、高等教育等不同教育阶段的教育改革发展情报，依托"领教App"搭建各地教育改革发展情况交流互鉴的平台。针对获取一手工作经验的需求，中国教育报学前周刊举办"名园现场会"，每期深入一所幼儿园，通过线上线下结合的方式直观呈现办学经验，每场线上直播观看人数约10万人。针对交流思想培育名家的需求，举办校长大会、融媒体教育局长访谈等品牌活动，深受业界关注。针对一些地区改革发展的诉求，我们集结全国知名教育专家组团进行调研、规划、培训等，特别是助力乡村振兴的"送教行"活动，送教走进甘肃、西藏、广西、贵州等偏远地区。

服务教师专业成长，搭建"好老师"平台。 近年来，随着新知识、新技能的爆发式增长和教育高质量发展的需要，广大一线教师的专业发展意识和需求越发凸显。主动响应这一需求，我社打造了"好老师"平台，以促进教师发展为目标，以中国教育报"好老师"专刊、"好老师"微信、"好老师"课程移动端互动平台（App与H5）组成的融媒体矩阵为载体，做好对中国教师群体的宣传展示工作，探索助力教师队伍建设的教师专业成长服务。目前已构建了包括26个大模块、63个小模块、2000多节课程的好老师课程体系。通过微信群运营深入了解教师需求、提高用户黏性。例如，针对教师阅读需求，"好老师"平台与中国教育报读书周刊合作开展"中国教育报读书会"社群运营探索，由名师带领用户连续打卡21天，每天在线上领读，其他用户分享读书心得，互动踊跃。目前，该平台覆盖用户已达到500万。

四、适应媒体变局，机制创新激发活力

媒体融合进入"深水区"，关键在于以机制创新激发活力，其重点在于完成内部各要素之间的融合、协同，在确保正确方向、提高内容生产质量和完成人才"再生产"等方面提供运行畅通的"立体通道"。

胸怀大局，在战略选择上抓住主要矛盾推动顶层机制创新。 媒体融合发展是一场"大战役"，"大战役"就要有大格局，其中关键的是要有战略的思维，以及在此基础上作出的顶层机制创新。对此，近年来我们媒体深度融合一直聚焦两个根本性问题：一是社内各媒体各部门之间、媒体内部各要素之间的相互关系是否顺畅，内部融合是否走在一体化发展的路上，是否具有真正一体化的组织结构框架；二是作为教育主流

中国教育报刊社全媒体矩阵

媒体，战略发展目标及融合发展实践，如何表现出与其他主流媒体的差异化与特色化。我社两报四刊均有比较悠久的历史，在各自领域影响较大，我们坚持顶层设计，从改革领导管理体制入手，在社级层面先行"深度融合"，再推动社属各媒体、各部门之间融合协作，逐渐消除融合"堵点"。同时，又注重发挥各媒体各平台的优势和特色，形成全社各媒体差异化发展新格局。

把握大势，在策略实施上抓住关键事件推动运行机制创新。 在推动内部机制创新的时候，我们必须了解媒体所面临的政策、环境等外部因素，了解世界以及中国媒体发展趋势。从宏观上讲，把握大势有两个必须考虑的要点：一是技术赋能媒体内容生产的趋势；二是全媒体传播体系建设的趋势。围绕这两个基本点，机制创新需从内容生产和传播模式上下功夫。我社推行"中央厨房"模式，建立了融媒体指挥平台，重大主题报道实行统一调度，实现了新闻生产流程的再造，提高了生产效率和防范风险能力。

适应未来发展趋势，我们大力建设教育"云平台"。一是要更加注重智能化发展，抓住在内容生产和全媒体传播两个"关键事件"发力；二是利用技术赋能，探索多元生产的可能。

着眼大事，在人才供给再生产中推动评价机制创新。 在媒体深度融合过程中，富有服务性和建设性的新闻产品的生产才是媒体的立命之本。优质内容的供给关键在人才。因此，机制创新的着力点应该放在内部人才队伍的"共享融通"上，从而推动媒体人才供给的"再生产"，并完善适应媒体深度融合的评价机制。我们以前瞻性思维，推动内部协同机制建设。中国教育报融媒体评论中心和移动传播中心合作推出了中国教育报评论员IP，从文字到声音、视频，再到使用数字主播技术等，取得良好的传播效果。在这一过程中，人才"共享融通"促进了传统媒体和新媒体人员之间的理解和能力提升。在此基础上，要进一步探索完成对产品评价、人员评价的重新设计，通过晋升机制和薪酬建设，激活人才成长动力和发展活力。

抓住要害，在舆论场打硬仗中推动评价导向创新。 大家已经认识到，舆论引导能力在关键的舆论战中将起到"定盘星"的作用，是媒体的核心竞争力。从当下的舆论场看，价值观缺失日益严重。因此，要重视观点的生产和真相的挖掘，以在场的报道和深入真相的评论稳定人心。媒体深度融合面临着复杂舆论引导任务，在激浊扬清和直面大是大非的时候，需要一大批像传统的调查记者一样具有很高职业素养的记者，以富有深度、理性和说服力的新闻作品来占领舆论主阵地，完成信息传播和价值传递。从这个角度来说，对当前的媒体而言，激活深度新闻部门活力或者完成其重建，是极为迫切的任务。另外，评论员队伍的培养不可能一蹴而就，我们只有充分挖掘内部人才资源，通过有计划的长周期的培养，才能培养出成熟的媒体评论员。

双轮驱动引领健康传播新航向

——健康报社媒体融合工作纪实

····························

健康报社有限公司董事长、党委书记

邓海华

··········

"20天点击量破310亿！"

这是一份有着93年红色历史的行业报，在新冠疫情防控期间新媒体平台的总访问量。数字的背后，是近年来健康报社加速融合创新迎来的飞跃。

从报刊、网端，到健康中国政务新媒体平台，近年来，健康报社深入贯彻习近平总书记关于宣传思想和新闻舆论工作一系列重要讲话和指示精神，巩固拓展行业舆论阵地，服务卫生健康事业高质量发展。通过《健康报》系列纸媒和"健康中国"新媒体政务平台双轮驱动，发挥行业媒体宣传主渠道、主阵地作用。

一、高举旗帜，扎稳健康行业"主心骨"

作为有着93年红色历史的行业报刊，健康报扎根卫生健康领域，通过提升行业宣传综合服务能力，不断提高新闻舆论传播力、引导力、影响力和公信力，讲好新时代卫生健康故事，表现出如下特点。

一是做好卫生健康政策发布解读。围绕卫生健康工作的重大部署、重点任务、重要会议，全面深刻解读卫生健康工作方针政策和各地探索实践成果，确保重大改革和举措报道站位高、解读深、传播广。深耕行业特点，在医药卫生体制改革、中医药传承创新、健全公共卫生体系、重点人群健康服务、人口政策等方面持续发力，将独家专访、权威解读和热点评论相结合，做实正面宣传和舆论引导。

二是当好行业耳目喉舌。积极宣传医疗卫生战线的先进典型，弘扬广大卫生健康工作者"敬佑生命，救死扶伤，甘于奉献，大爱无疆"的职业精神，描绘出时代前进、国家发展、行业进步的画卷。关注卫生健康工作者心声，通过政策咨询、行业培训、业务指导、学术会议等方式，打造行业内交流沟通的平台，推动卫生健康事业高质量发展。

三是实现优质内容的矩阵传播。从以传统媒体为主的行业报刊成长为拥有客户端、微信、微博、头条、抖音、学习强国等多种新媒体形态，共计20余个端口，总粉丝量近3000万，年阅读量数百亿，多次跃居政务榜排名首位的新型行业主流媒体。中国医师节期间，各平台联合发起"向健康守护者致敬""了不起的中国医师"等活动，总浏览量超33.1亿，登上微博热搜置顶，占据头条、抖音挑战榜首位。

四是做好全民健康科普。发挥专业优势，将晦涩的医学名词通俗化，普及健康防病知识，春风化雨地提升全民健康素养。策划聚集全国2100余位三甲医院医生的"医者名片"、涵盖1065位国家科普库专家的《健康大家谈》《医直播》等品牌栏目，2022年共举办百余场科普直播，在10余个头部流量平台累计观看量超2亿。

五是提升品牌影响力。配合主流宣传，主办全国深化医改经验推广会、互联网+健康中国大会、基层卫生健康发展传播大会等百余场活动，不断提升品牌影响力。其中新时代健康科普作品征集大赛2022年共征集作品18160件，总决赛同步直播在线观看人数超600万。由健康报社与相关单位联合出品的10集纪录片《中国医生》，荣获第27届全国电视文艺"星光奖"提名作品。

健康报全媒体矩阵图

二、双轮驱动，书写融合新速度

伴随着时代的发展，健康报在媒体融合和数字化转型的道路上已经探索了20多年。其中有1999年即上线的健康报网；2007年数字版健康报开通；2010年推出的手机报；2013年开通第一个微信公众号等。也包括2014年创办的健康报移动健康研究院；2016年开发和运营中国家庭医生签约信息服务平台；2017年健康中国（官方版）客户端上线运营；2019年主办"健康中国"新媒体政务平台；2020年承办"健康中国行动"活动等。

近年来，在国家卫生健康委员会的领导下，健康报社以互联网思维为导向，创新技术为支撑，机制建设为先行，人才培养为重点，提出纸媒与新媒体，健康报与健康中国政务新媒体平台"双轮驱动"的发展战略。社内全面整合"四报两刊一网""两微一端"及健康中国各政务媒体端口，按照新闻生产、加工、推广环节进行流程升级再造，打造卫生健康行业一次采集、多次生成、多元发布、多级放大、多平台互动、多渠道经营的"健康中国·共享厨房"。

和其他媒体中央厨房不同的是，健康报打造的"健康中国·共享厨房"突出"行业共享"概念，不仅仅是健康报的中央厨房，更是全卫生健康系统的新闻宣传和健康科普中央厨房，是连接全行业的新闻采编指挥中枢和中控平台。通过"共享厨房"，形成了融合媒体指挥系统上的横线，守住了质量安全的底线，做实了提升效率的中线，顶实了内容为王的上线，打通了人员流转的竖线，达到了统一调度各类媒体终端的目的。

通过"健康中国·共享厨房"，国家卫生健康委领导可以实时调控各媒体端口发布内容；报社领导可以全面指导四报两刊一网、各新媒体，以及健康中国政务新媒体平台的产品发布、品牌活动和效果评价。记者编辑分布在各个岗位，实现一次采集、多次生成、多元发布的信息加工和推广模式；驻地通讯员和超过5000家入驻平台的各省卫生健康行政单位和医疗机构，如同星星之火般遍布在"健康中国·共享厨房"

1
2

1. 健康报·健康中国融媒体指挥平台
2. 纪念《健康报》创刊90周年

中，汇聚起卫生健康行业的燎原之势，迸发行业的蓬勃力量。

可以这样理解，目前报社各编辑部就像人体的各个器官，而媒体融合改革的目标正是要建立一套高效有力的循环系统，将这些器官有机地连接起来，按需提供氧气和养料。在这套循环系统中，国家卫生健康委的指向作用就如同人体的大脑，控制前进方向；报社党委是人体的小脑，是平衡调节的中枢；"健康中国·共享厨房"的角色就如人体的心脏，是整个融合系统的动力来源；社内全媒体记者编辑通过"健康中国·共享厨房"采编的新鲜资讯，以及健康中国政务新媒体平台上时刻更新的信息源，就是充盈在系统中的红白细胞。有了这套循环系统，报社如打通奇经八脉，真正做到了融合发展。

三、使命担当，引领疫情报道"航向标"

在三年抗击新冠疫情的过程中，报社第一时间启动应急预案，以"健康中国·共享厨房"为报社战疫宣传"指挥部"，科学把握疫情防控舆论引导，准确解读防控政策要点，体现了行业新型主流媒体的职责与担当。

一是聚焦一线，直面社会关切。 报社近20位记者跟随国务院联防联控机制综合组，转战在全国疫情防控最前线，在重症病区采访，在方舱医院拍摄，在核酸实验室直播，用一个个现场的细节和故事，奏响了一曲曲催人奋进的抗疫凯歌。曾经一段时间，报社记者部几乎全员"红码"，但却做到了报纸一天没停，新媒体一天未断，疫情防控措施调整前无一人感染。

二是聚焦融合，形成宣传合力。 采用融合报道的方式，保证传播效果。仅从2020年1月23日至2月13日这短短20天里，健康报系网微端，以及健康中国政务新媒体平台，共计发布抗击疫情报道9300余篇，其中纸媒见报1000余篇，新媒体稿件8000余篇，累计阅读量约310亿，评论数及转载量7000余万。

三是聚焦共享，权威数据发布。 "健康中国"平台每日授权首发全国疫情和疫苗接种数据，并根据最新数据制作视频和图文，供其他媒体转载和参考。2022年共计首发疫情信息2175条，阅读量达8.2亿。首发其他卫生政策信息1428条，阅读量9.85亿。

四是聚焦科普，助力疫情防控。2020年1月9日，在很多人对疫情毫无感知的情况下，健康报多巴胺工作室就制作了视频《武汉不明原因肺炎"元凶"初步判定》，这是全网最早一批对公众进行提示和教育的科普内容，单条视频在抖音的播放量超过4072万。跟随疫情防控策略的不断调整，健康报以一图读懂形式将疫情防控知识可视化，累计发布新冠疫情图文2995条。其中，健康中国微信"新型冠状病毒科普知识"专栏，作为国家卫生健康委疫情防控科普宣传的重要抓手，持续更新500余期。

五是聚焦服务，凝聚抗疫正能量。以新闻大数据为基础，与健康报合作产出各类服务产品：利用系统优势，梳理发热门诊、定点救治医院、核酸检测点等海量数据，提供给国务院客户端、百度地图、腾讯健康等，打造权威的信息查询服务平台；与春雨医生合作推出义诊平台服务；与搜狗搜索推出全民战"疫"同程查询服务；与阿里健康推出疫情动态地图等服务；与学习强国合作，推出辟谣、专栏、专项答题题库等。

四、守正创新，开拓融合新维度

按照中央深化文化体制改革要求，作为国有文化企业的健康报社有限公司正在集团化重组，推动媒体融合向纵深发展。2023年4月，经中宣部、财政部批复，国家卫生健康委将主管的中国人口报社有限公司、《中国卫生》杂志社有限公司整体无偿划转至健康报社有限公司。下一步在新一届报社党委领导下，报社将以高质量发展为导向，以服务健康中国战略、服务公共卫生体系建设、服务卫生健康大政方针、服务人民健康为己任，围绕"守正聚力，创新共融"，进一步提升产业创新能力，向着集信息传播和健康服务于一体的现代报业集团的目标努力奋进。

一是把握数字机遇。数字经济在转变发展方式、优化发展结构、转换发展动力、提升发展质量等方面有着很好的发展前景。健康报社推进高质量发展，势必要在媒体深度融合的基础上，完成数字化经济转型。为体现健康报社在数字中国建设过程中的专业担当，提升健康报社数字资产整体竞争力，报社将以数据资源开发利用为抓手。从文本识别、音频识别、专业本体建模、知识元抽取、数据语义关联建立等方面，打通健康报社"数据烟囱"，形成面向健康报社内部、卫生健康领域专业群体和社会公众的专题数据库、知识库，对内数据赋能业务发展，对外提供数据社会服务，实现数据资产的规模效应，并为未来更多的数据开放、数据共享、数据服务与数据产品转化奠定基础。

二是搭建技术的结构性支撑力。以先进技术引领驱动融合发展，在坚持统筹谋划、加强顶层设计的基础上，建立健康智媒云平台，建设涵盖内容创作中心、媒体数据中心、融合传播中心、智能服务中心、创新孵化中心为核心的5个业务支撑平台，构建新型采编流程，形成资源集约、协同高效的融媒体传播技术体系。

三是实质性推进媒体运营的聚合、整合、融合。扩大现有采编内容库、健康中国系列知识库覆盖范围，尽可能收录卫生健康行业相关稿件、图片、视频等元素材，吸引地方卫健机构、行业专家资源、媒体大V等更多力量参与内容生产，打造卫生健康领域新型智库。通过数据治理，实现精细化管理，数字资源可查可用可视，全面提升生产效率。探索分类建立"中国健康卫生政策数据库""中国健康卫生科学知识库""中国健康卫生专家库"等知识类服务平台，对外提供公益或商业数据服务。

四是释放复合型人才活力。通过尝试自动检索、AI写作、全息访谈、虚拟主播、一键推流等数字算法和技术，创造"数字员工"，释放人力资源成本，提高生产效率，推动数字化转型。围绕传播力、引导力、影响力和公信力构建融媒体考核评价新体系，依托大数据的采集、汇聚、存储、分析能力，构建多平台、KPI、多元化等考核评价指标。通过融媒体考核评价体系，准确分析传播规律，引导产品创新和制作，更好地为采编业务提供改进建议，激发报社职工以融媒体为中心的内容生产、内容运营和产品经营服务的积极性。鼓励人才坚定政治自觉，坚持改革创新，把握传统媒体与新媒体一体化融合要求，推动内容体系、经营体系、技术体系协同工作，建立以用户为中心、以数据为驱动、以服务为导向的具有互联网思维的新型媒体组织，推动报社实现高质量发展。

"路漫漫其修远兮，吾将上下而求索。"健康报作为文化传媒企业，根基在"报"，因此必须抓好纸媒与新媒体、健康报与健康中国政务媒体双轮驱动，探索适应新的传播格局、凸显报媒优势，从自身的核心能力出发，拓展新领域，探索新的经营模式，写好媒体融合后半篇文章。未来，健康报社将继续传承红色基因，进一步以融合力壮大主流阵地影响力，让媒体创新源泉充分涌流，让文化企业活力得到充分迸发，为推动健康中国建设作出更大贡献。

把握媒体融合新趋势　构建现代报业新形态

——经济参考报打造国内一流政经媒体的工作构想

《经济参考报》社有限责任公司党委书记、总编辑
周亮

互联网特别是移动互联网的技术创新与应用，推动舆论生态、传播方式和媒体格局发生了深刻变革，中国报业乃至整个传媒行业发展都处于新的转型期。当前，以微博、微信、新闻客户端为代表的第一代新媒体业态已经遭遇发展瓶颈；以短视频为代表的第二代新媒体业态正值高峰期，竞争日益白热化；同时，更新一代新媒体业态正在人工智能等前沿技术加持下探索新的可能。如何在这一场前所未有的大变革中抢抓机遇、加快转型，是传媒行业面对的重大课题，更是事关报业生死存亡的关键。

《经济参考报》作为伴随改革开放大潮而生的新中国第一份全国性经济大报，在经历发展低谷后，踏上了"二次创业"的新征程，正以建设"习近平经济思想及其生动实践宣传高地"为目标，探索构建现代报业新形态，打造国内一流政经媒体。为实现这一发展意图，报社正从"四个维度"深入推进适应媒体融合发展趋势的体系建设。

《经济参考报》首图

一、政治建社，确保事业发展在正确的航道上行稳致远

构建现代报业新形态、打造国内一流政经媒体，必须把政治建社放在首要位置，用理论上的清醒保障政治上的坚定，确保各项事业始终沿着正确的方向前行。

党的十八大以来，习近平总书记多次强调意识形态的极端重要性，从"治国理政、定国安邦"的高度指导新闻舆论工作，发表了一系列重要讲话，对新闻媒体的性质定位、功能属性、宣传报道、国际传播、媒体融合和体制机制改革等诸多内容作出了深刻阐述，为党的新闻宣传事业揭开了新的篇章，也为报业发展指明了前进的方向。

《经济参考报》始终是新华社报道主业的重要方面军，是服务党和国家经济建设中心工作的意识形态阵地，其政治属性不言而喻。必须牢记职责使命和光荣传统，时刻站在党中央治国理政的高度，开展各项工作。

一是坚持政治家办报，守牢意识形态主阵地。要坚持"两个确立"、增强"四个意识"、坚定"四个自信"、做到"两个维护"。深刻认识互联网环境下意识形态斗争的长期性、复杂性、严峻性，不断提高政治判断力、政治领悟力、政治执行力，练就在复杂局面下驾驭新闻报道、正确引导舆论、推动事业发展的过硬本领。

二是牢记职责使命，传承"红色基因"发扬光荣传统。《经济参考报》诞生在改革开放之初，天生具有政经大报的基因，承载着光荣而艰巨的使命任务。邓小平同志为报社题写报名，并题词"开发信息资源、服务四化建设"。面对媒体发展新环境新要求，报社在围绕中心、服务大局中找到坐标、找准定位，赓续红色血脉、传承新华精神，做大做强主流意识形态，真正发挥好主阵地主渠道主力军作用。

三是加强队伍建设，深入开展马克思主义新闻观教育。"媒体竞争关键是人才竞争，媒体优势核心是人才优势。"要以树立和筑牢马克思主义新闻观为引领，打造政治上坚定、业务上过硬的人才队伍。着力增强报社干部职工党媒从业者意识和国家机关工作人员意识，着力增强采编人员全媒体策采编发能力，着力增强营销人员媒体融

合发展环境下的经营本领，为打造国内一流政经媒体提供坚实的人才支撑。

四是加强党的建设，为改革发展提供政治保障。打造国内一流政经媒体要坚持爱党护党、管党治党，以党建促业务、以党建转作风、以党建带队伍。要着力健全完善各项规章制度，调整优化考核激励机制，对标现代传媒企业治理体系，在运行机制架构、内部激励制度等方面加大改革创新力度，形成以制度管人、以事业激励人的新风尚。

二、新闻立社，锻造符合媒体融合趋势的核心竞争力

尽管受众在新媒体时代获取信息的渠道和阅读习惯都发生了变化，但是其对优质内容的追求并没有改变。面对互联网的发展演变，不论技术手段如何更新，"内容为王"依然是推动媒体发展的关键，优质内容依然是稀缺产品，高质量依然是高流量的内在密码。

但是，必须认识到，传统的内容生产模式落后于当前传播需求，这是众多传统媒体面临发展困境的根本原因。坚持"内容为王"，必须按照新媒体传播规律予以创新再造，拥抱变革、创新生产，让主流声音传播得更好更远。经济参考报社深挖"内容为王"的时代内涵，从四个方面加强内容建设，壮大主流经济报道声浪。

一是聚焦一个核心任务：不断加强习近平经济思想和总书记形象宣传报道。宣传报道好习近平经济思想，是经济类党媒的政治责任，是打造"习近平经济思想及其生动实践宣传高地"目标的核心要求。经济参考报社始终坚持"把核心的事情当核心来办"，策划推出了《泱泱"种子情"切切"固本意"》等一批有思想、有深度、有品质的新闻产品，全方位展示习近平经济思想的真理力量和实践伟力，立体呈现新时代我国经济发展取得的历史性成就、发生的历史性变革。

通过强化理论学习、完善体制机制、突出重点选题策划、着力打造精品力作等方式，经济参考报社不断加大习近平经济思想宣传报道的力度和水平，努力讲好习近平总书记指挥经济工作的故事，形成独有的品牌特色。

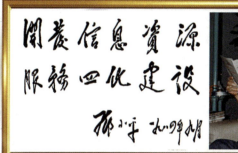

1   1. 邓小平同志为经济参考报题词

2   2.《经济参考报》半版

二是**锚定一个突破方向：改进和创新正面宣传报道**。团结稳定鼓劲、正面宣传为主，是党的新闻舆论工作必须遵循的基本方针，是一流政经媒体的职责使命和重点任务。面对当前复杂的经济形势，要想更好达到增强信心、改善预期、凝聚共识的宣传效果，就亟须创新表达方式、呈现方式和传播方式。

近两年，经济参考报社立足自身定位，不断改进和创新正面宣传理念与方式，强化全媒经济报道能力，以独特视角开展主题宣传、形势宣传、成就宣传、典型宣传，推出了"陌生指数里的经济脉动""新萌芽职业折射产业跃迁""一个产能单位里的科创力"等一批角度新颖、立意独特、传播较好的新闻产品。

正面宣传报道只有懂专业、善创意、会表达、能引人，才能真正起到唱响主旋律、传播正能量的作用。经济参考报社将从四个方面，继续改进和创新正面宣传报道：创意先行，突出一个"巧"字，以巧思赋能创意、以匠心采制作品；创新表达，突出一个"活"字，用活经济数据、讲好经济故事；践行"四力"，突出一个"实"字，报道见人见事、沾泥带露；创新形态，突出一个"融"字，用好融媒手段、形成交互共鸣。

三是**做强一个品牌标识：加强调研报道提升影响力**。互联网时代，凌乱、浅表的信息妨碍公众了解事物的全貌和真相。在此背景下，能够聚焦公众关切、反映事物全貌、揭示事物本质的高质量调研报道成为"稀缺品"。复杂的舆论环境，需要主流媒体积极介入舆情争议点，深入调查研究，用客观、真实的高质量报道有力引导舆论。

经济参考报社历来十分重视调研报道，"经参调查"栏目已经成为报社的特色栏目和知名品牌。《青海"隐形首富"：祁连山非法采煤获利百亿至今未停》《多年拆违岿然不动　数千栋"坚挺别墅"野蛮侵蚀济南泉域保护区》等一批重磅调研报道，直面问题、深入调查、精准发声、及时回应社会关切，有力有效地推动了问题的解决，在社会上产生了较大反响。

当前，我国经济发展面临新机遇、新任务、新挑战，不少深层次矛盾躲不开、绕不过，很多重大课题亟待破解。经济参考报社将坚持问题导向，做好调查研究，围绕

1

2

1.《经济参考报》栏目

2. 经参调查

基层群众的急难愁盼问题，用群众语言、百姓视角，持续推出接地气、易传播的新闻产品。

四是树立一个发展目标：打造"智库型报业""报业型智库"。2015年1月，中办国办印发《关于加强中国特色新型智库建设的意见》提出，支持中央重点新闻媒体"先行开展高端智库建设试点"。媒体兴办智库，是传统媒体在新媒体发展带动下谋求转型的内在需求，也是中国特色新型智库建设对媒体深化改革的外部推动。

中国企业发展研究中心（经参智库）于2021年底成立，突出服务中央决策、服务经营主体功能，大力畅通成果报送与转化渠道建设，在建设"智库型报业""报业型智库"的道路上不断摸索。"经参智库"依托新华社国家高端智库，发挥紧密联系企业的独特优势，不断提升承接相关部委、地方政府和头部经营主体重大课题的能力水平，积极稳妥开展特色资讯、比较研究、市场分析、决策咨询、品牌传播等业务，推进智库报告与新闻报道深度融合。

三、传播兴社，做强做大一流政经媒体影响力

媒体融合带来的不仅是内容产品形态的丰富，同时也带来了信息传播方式的变革。传播力决定影响力，壮大主流舆论阵地，传播建设十分重要。

让党的声音到达千家万户，是新闻舆论工作者的使命。习近平总书记指出，人在哪儿，宣传思想工作的重点就在哪儿。他强调，要适应分众化、差异化传播趋势，加快构建舆论引导新格局。这为新闻媒体提高报道传播力、影响力指明了方向，也提出了要求。经济参考报社从三方面不断完善适应国内一流政经媒体发展需要的传播体系。

一是构建全媒体传播矩阵，扩大传播广度。构建全媒体传播矩阵，有利于新闻在短时间内大范围传播，形成强大势头和裂变传播，是扩大传播力、影响力最直接的方法。

近年来，经济参考报社加强与各平台深度合作，构建多渠道、全方位、立体化传

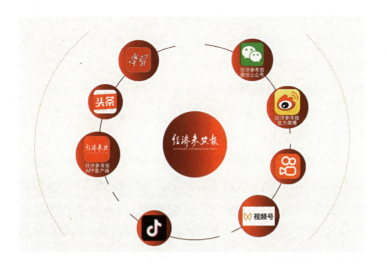

1

2

1. 矩阵

2. 直播

播矩阵，初步形成了"主报+网站+客户端+微博微信+微视+智库"的特色体系，为探索建设现代报业新形态打下基础。报社将以问题为导向，聚焦难点痛点，运用新技术新应用，结合各新媒体平台传播特征，以特色内容分发推动更高效的传播，并形成更具竞争优势的原创生产力和精准传播力。

二是深耕垂直领域，提高传播精度。分众化、垂直化是移动互联网时代最具传播价值的入口选择。找准符合自身定位的目标受众，搭建平台、打造"核心朋友圈"，是融合发展的要求，也是媒体自身变革的要求。

近年来，经济参考报社不断提升媒体内容的创新能力，积极开拓垂类业务，使内容细分程度更高，满足用户专业需求。目前，"经参证券""经参智库""新华健康""新华职教"四大平台，都保持较好的发展势头。经济参考报社将通过打造特色平台以及做优服务，实现媒介资源、生产要素有效整合，推动分众传播和垂直化生产，不断提高传播的精准度。

三是强化内容运营，展现传播温度。用户即阵地，用户即价值，没有运营、缺乏温度的新闻产品，很难得到广泛的传播。因此，内容运营是传统媒体在移动互联时代实现华丽转身的重要途径，变受众为用户是传统报业成功转型的关键。

近年来，经济参考报社不断加快完善适应媒体融合发展大势的内容生产和采编工作机制，推动信息内容、技术应用、平台终端、人才队伍、管理手段等互融共通。报社持续强化运营推广，力争使之成为能够与受众实现双向信息流动和价值循环的崭新形态，构建以内容为核心又能够吸聚多方资源的、动态的、开放的传播新形式。

四、创新强社，激发推进改革攻坚的澎湃动力

创新是社会发展的不竭动力，每个行业都需要创新思想。媒体报道的是新闻，其报道方式、传播形式、发展模式更需要走在创新的前列。

打造国内一流政经媒体，要在融合发展过程当中，依靠创新激发推进改革攻坚的澎湃动力。经济参考报社把垂直细分领域、短视频业务和培育网红传播三个板块，作

为创新发展着力点。

一是专注垂直细分领域IP打造，开拓事业发展新赛道。多样化和个性化是互联网社会最基本的特征。在借助各大新闻聚合平台扩大影响力、提高品牌知名度的同时，打造具有自身特色的垂直细分平台，是传统媒体重要突破方向。

经济参考报社强调树立报社"一盘棋"思维，坚持"集约化运营、平台化运营、专业化发展"理念，不断探索安全、可持续的多业态商业模式，做大做强垂直细分板块，拓展事业版图，全力打造"经参证券""经参智库""新华健康""新华职教"四大平台。

"经参证券"积极应对传媒格局、信披政策和市场需求变化，有针对性地构建多业态发展格局，打造满足用户需求的媒体产品和服务体系。"经参智库"以服务中央经济工作大局为目标，以研究经营主体改革发展政策和生存环境为主攻方向，打造具有战略性、前瞻性、参考性、针对性的智库产品。"新华健康"一手抓平台内容产品建设，一手抓市场开拓与运营，以视频直播为核心，力争打造出具有高客单价、高创新度、高融合度特点的高质量发展新模式。"新华职教"以传播功能为核心，打造深度连接技能人才、职业教育、职业院校三方，并为相关部委、企校提供数据、信息、产业服务的权威专业平台，为人才强国战略和破解结构性就业矛盾提供有效服务。

二是提升短视频业务水平，打开融合转型突破口。当前，不少内容聚合平台已经遭遇发展瓶颈，无论是用户规模还是经营收入，都触及天花板。可见，以图文为主的新闻报道的受众在不断减少，发展空间有限。而短视频以其短、频、快的优势牢牢抓住了流量，目前仍处于发展高峰期。在媒体深度融合的背景下，传统媒体如何在短视频领域发挥自身优势，打造流量爆款，成为新课题。

经济参考报社新闻报道和各垂直细分平台，都将短视频业务作为融合发展的重要突破口，找准定位，扬长避短，努力向受众提供优质的、有价值的内容，打造新闻短视频爆款，探索出一条适合自己的短视频之路，以填补市场空白，进入流量争夺的主阵地。

　　三是大力培育网红传播，深挖数字经济潜力。与互联网相伴而生的网红，吸引了众多网民的注意力，形成了一种独特的风景，并随着新媒体形态的变化而演变。鼓励和推动传统媒体员工"亮相"新媒体平台，培育打造具有较强影响力的个人"网红"，是推动主力军全面挺进主战场、积极推动事业发展的重要举措。

　　经济参考报社立足自身特色，大力培养网红传播，赋予必要的人财物使用支配等自主权，打造"网红"队伍，特别要加强垂直化、细分化、个性化内容生产传播，不断积累品牌效应，深挖数字经济潜力，为融合发展开辟新路径。

　　综上所述，国内一流政经媒体，必然是政治上过硬的媒体、是内容上满足受众需求的媒体、是传播上有效引导舆论的媒体、是创新上领先风气的媒体。经济参考报社将牢记职责使命和光荣传统，坚持以政治建设为统领，以内容优势为根本，以改革创新为动力，强化问题导向和底线思维，锐意进取、攻坚克难，准确把握媒体融合新趋势，积极构建现代报业新形态，努力打造国内一流政经媒体，开拓事业发展新局面。

构建新时代国际传播话语体系
——基于短视频"破圈"讲好中国故事的创新路径

中国搜索信息科技股份有限公司党委书记、董事长、总裁
李劲松

习近平总书记对宣传思想文化工作作出了重要指示，强调"宣传思想文化工作事关党的前途命运，事关国家长治久安，事关民族凝聚力和向心力，是一项极端重要的工作"。这为我们对外讲好中国故事，提升国际传播效能，指明了"坚定文化自信，秉持开放包容，坚持守正创新"的基本原则。为此，由新华社主办、中国搜索承办的"中国好故事"数据库，在持续提升国际传播能力新思路、新方法、新理念的基础上，以中国发展为观照，以时代纵横为坐标，以融通中外的短视频为载体，积极探索新时代讲好中国故事、构建国际传播话语体系的创新路径。

一、构建中国特色国际传播话语体系的挑战

习近平总书记指出，要深刻认识新形势下加强和改进国际传播工作的重要性和必要性，下大气力加强国际传播能力建设，形成同我国综合国力和国际地位相匹配的国

中国搜索党委书记、董事长、总裁李劲松

际话语权，为我国改革发展稳定营造有利外部舆论环境，为推动构建人类命运共同体作出积极贡献。在国际传播视域下，话语体系建设直接关系到国际传播能力建设、国际话语权提升和对外讲好中国故事的整体效果，是我国开展国际传播的立场和底层逻辑。面对波谲云诡的国际形势、复杂敏感的周边环境和变化多样的受众需求，加之跨文化传播思维差异等因素，构建中国特色国际传播话语范式和对外话语体系，亟须突破渠道、叙事、效果等现实问题。

问题一：国际传播落地渠道不足。长期以来，西方国家凭借其强势地位和话语霸权操纵国际话语平台，一再采取形象歪曲、话语封锁和文化渗透等措施巩固其国际话语权，企图将中国国际话语权彻底边缘化。新时代中国国际传播话语体系的建构，需要解决渠道问题。数媒时代，国际传播赛道中的报道主体、平台等正呈现多元化趋势，话语融通、圈层细分、算法驱动的社交媒体平台，逐渐成为影响国际舆论的关键力量。同时，发力社交媒体平台这一新兴舆论阵地，也是争夺海外"Z世代"的重要一步。"Z世代"与移动互联网相伴而生，其价值观念、生活态度与行为方式及其演变趋向对于国家的发展和世界的演进具有不容忽视的重要性，其国际观也或将成为未来影响世界和国际关系的重要变量。同时，调查数据显示，西方国家民众中，相较于其他年龄段人群而言，"Z世代"群体对华态度相对友好。2023年4月举办的第二届国际青年北京论坛上，中国外文局当代中国与世界研究院发布研究成果称，欧美"Z世代"对中国的积极看法显著高于其他年龄段人群，几乎所有国家18～35岁群体对华积极评价都比50岁至65岁高15%～20%。因此，多样化渠道有助于向国际"Z世代"传递中国的社会主义核心价值观、文化特色与发展理念。

问题二：叙事体系缺乏系统思维。出于对中国发展的焦虑和戒备心，西方国家依据自身需求和想象对"中国元素"及"中国故事"加以言说，构建起了基于政治或意识形态偏见扭曲中国国际形象的话语屏障。面对"他塑"的策略性国际传播叙事，我国在对外传播中亟待战略升维，并加强"自塑"。具体来看，存在以下问题：其一，"外宣内宣化"倾向，宏大叙事单向传播、中外语态转换缺位；其二，"叙事浅表化"

倾向，海外受众研究不足、细节缺失单向传播；其三，"模板单调化"倾向，文化符号标签化、中国形象刻板化；其四，"对象笼统化"倾向，缺乏精准传播策略、"大水漫灌"不分重点；其五，"传播碎片化"倾向，缺乏国际传播顶层设计、同质竞争削弱集聚效应。从叙事媒介与平台的维度看，区别于传统的文本语言，视听语言与短视频平台，有利于推动"中国叙事"走向世界，实现国际传播效能的"弯道超车"。

问题三：**单一信源缺乏他者视角**。讲述中国故事、传播中华文化涉及"自我陈述"与"他者叙事"两个维度，两者在"中国形象"和"中国故事"的国际传播中构成一种"互冲"力量，共同将"中国"带入世界的叙事。在国际传播过程中，目前我国仍存在"一种声音"单向输出的传播模式，信息传递缺乏深入交流和精准传播，使得国际社会对中国的认知较为模糊和片面。此外，在海外社交媒体环境中，"Z世代"群体已不满足于单一信源，希望借助多渠道、多视角获取信息，全面提升整体思辨力，越来越多的学者意识到在面向"Z世代"的跨文化传播中，需要引入"他者"视角，才能达到更立体全面的传播效果。因此，在对外传播叙事层面，基于传播学选择性理论，受众倾向于接受与自身身份相近的传播者的观点，适当引入知华友华外国人视角讲述中国故事，已成为一种"他者外壳、自塑内核"的中国叙事创新路径。

在国际传播工作中，只有以共识为底色突破上述困境，才能有效传播中国精神、中国价值，构筑起中国话语和中国叙事体系，才能真正做到"中国故事"在国际舆论场中，让人"听得见"，让人"听得懂"，让人"听得进"。下面，以"中国好故事"数据库为例，分享如何用短视频"破圈"讲述中国故事，提升国际传播效能。

二、听得见：矩阵式覆盖海外社交媒体平台

短视频在国际舆论场中的到达率、能见度与日俱增，在海内外年轻人中的影响力、共情力不容小觑。为缓解国际传播中的渠道困境，"中国好故事"数据库以短视频为突破口，紧抓海外新兴社交媒体平台政治化、垄断化程度尚低的窗口期，矩阵式覆盖在"Z世代"中极具影响力的TikTok、Instagram等传播渠道。

"一媒一策"遵循算法，海外矩阵实现战略升维。 不同于传统媒体掌控主流意识形态话语的生产与传播，海外社交媒体平台的媒介文化、推送逻辑均基于其商业属性。"中国好故事"数据库实践"一媒一策"原则，依据平台思维"量体裁衣"运营垂类化短视频。由于足够多的分众内容是分众化传播的重要前提，面对同样的内容素材，团队根据TikTok、Instagram等不同平台的算法倾向与分发逻辑，进行多版本、多视角的差异化剪辑，再匹配多语种标题和话题标签，借力平台算法把个性化内容推荐给不同的目标受众，变相提升内容能见度。与此同时，团队也充分考量了平台特性，例如在TikTok更新15秒以内的短视频，采取贴近目标受众文化背景和兴趣的本地化策略，同时深度运营标签与音乐；而Instagram则以图片为核心，通过滤镜、标签和故事等功能增强内容的个性与创意。"中国好故事"数据库矩阵式布局海外社交媒体平台，"一媒一策"精细化运营中国故事的国际化呈现形式，更深入地触达了"Z世代"群体，积极解决"听得见"的核心需求。

三、听得懂：短视频微叙事增强选题代入感

推动海外"Z世代"形成客观理性的中国观，关系到中国未来的国际舆论环境。如何让习惯于"移动化""场景化""社交化""去中心化"的国际"Z世代"真正听得懂中国故事，是"中国好故事"数据库探索解决国际传播叙事困境的关键所在。

"硬核内容"微叙事，不露痕迹讲述中国方案。 2020年11月，"全国832个贫困县脱贫摘帽"之际，"中国好故事"数据库的"动画里的中国"系列，推出动画短视频《一杯咖啡里的脱贫故事》（*Coffee Matters*），用中、英、法、德、意、西、阿、俄文在内的8个多语种版本，讲述了百年前从西方引入云南的咖啡豆开启全球之旅，助力民众摆脱贫困的故事。作品将"中外文化的对接与比较"这一思路具象化，以实拍与手绘相融合，水墨淡彩与"后印象派"画风分屏对位，将咖啡豆作为海外受众熟悉的生活元素代入叙事，用清新柔和的叙事风格，不露痕迹地将"中国减贫学"重大成就，融入国外受众熟悉的一粒粒咖啡豆中。

抽象概念具象化，国家形象源自普通人。如何向世界描绘中国共产党党员的"精神画像"？如何用中国故事"破圈"海外？面对非常抽象难落地的重大选题，"动画里的中国"系列制作了短视频《接力》（*The Torch in My Heart*），从独特的女性视角出发，将精神谱系、抽象概念具象化，以"口述历史"的形式娓娓道来，呈现医学世家二代女性党员传承至今，跨越70年的医者仁心。作品一经播发就在国外火出圈，团队立足"国际视角+中国立场"，内容层面尽量避免"脸谱化"角色设定，通过小家讲述大国故事，用普通人的真实故事观照人性共通之处，视觉层面利用画风与色调的变化对三个年代进行区分，降低视觉割裂感的同时，更流畅地进行故事表达。全新的故事讲述和电影化视觉体验，找准了融通中外、连接"Z世代"的"最大公约数"，潜移默化中向国际社会展示了中国共产党党员守护人民的百年接力。

生活场景"下沉"化，重大选题融合叙事创新。在国际话语体系亟待逻辑转向与话语变迁的大背景下，非国家行为体（*Non-State Actors*）开始积极参与国际传播并发挥重要作用。面对传播主体从国家、政府等下沉到机构、普通民众，传播渠道从官方播发平台下沉到图文、短视频等社交媒体平台，接收主体从国家、政府下沉到所有海外互联网用户的新局面，"动画里的中国"系列在策划中，以受众体验为核心，适当运用"下沉思维"，将宏观主题与生活场景精准融合。为向国际社会讲好建党百年这一重大主题，团队另辟蹊径，推出黏土定格动画《生日·节日》（*Let's Party*），用舞台造型的"生日蛋糕"，在100秒里浓缩中国共产党的百年征程，在抓住海外"Z世代"审美意趣的同时，融入烘焙屋、一家三口围坐客厅等温馨生活场景辅助叙事，取得了良好的国际传播效果。

四、听得进：他者视角助力中国话语新路径

"中国好故事"数据库把脉国际"Z世代"价值理念，积极转换中外叙事语态打造"外眼看中国"系列作品，充分运用沉浸式生活场景与视觉创意引入、"Z世代"交互动力与国际视角等方式降低"文化折扣"所带来的误读，借助海外友人"他者"

1 2 1. 一杯咖啡里的脱贫故事

3 4 2. 接力

   3. 生日·节日

   4. 老外看中国10年

视角，塑造客观真实的中国，极具亲和力、客观性与可信度的内容剖析，恰好解决了传统外宣作品"自塑"国家形象过程中的疏离感，成功促进海外受众"听得进"中国对外传播话语，从积极层面解码中国。

借助外眼见微知著，"街采"展现中国10年。针对对外讲述党的十八大以来，十年间中国取得的历史性成就的选题，团队选择进行轻量化拆解，将这一宏大主题化为小篇章、小主题、小故事。因此，"外眼看中国"系列推出四集系列短视频《老外看中国10年》（*Welcome to C*），以"街头采访+微访谈"的形式，立足"第三方视角"拉近海外受众心理距离，充分运用国际化语言赋能对外传播活力，巧借真实场景体验营造沉浸感悟，用清新自然的主基调，贴近生活诙谐幽默的问答，将党的十八大以来中国在"一带一路"倡议、社会生活改善、乡村振兴、生态环境保护、全过程人民民主等各方面取得的进步和成就浓缩在人际交流的细微之处，既符合海外受众偏好，又从情感角度增强了报道的可信度与真实性。

"人格化"共情视角，沉浸式体验增强说服力。从传播策略来看，"谁来传播"是解决作品能否顺利进入国际场域的关键所在。在亚运会盛大举行之际，为避免陷入宏大主题视野狭窄、内容滞重、难以共鸣的困境，"外眼看中国"系列推出了五集微视频《的士看杭州》（*Taxi Tour in Hangzhou*），以亚运会为契机，以来华外国人、来大陆台湾同胞与11位"的士"司机间的亲切交流为线索，从"智能科技""城市风貌""民间美食"多维主题出发，在个性化视角中，呈现亚运之都科技与文化、历史与未来互动关联的城市人文观照。作品巧借Vlog体验式拍摄，增强"在场感"与"参与感"，拉近了与海外受众的心理距离，向世界传递亚运会魅力与活力的同时，提升了中国故事的感染力、传播力，增强了系列品牌辨识度。

基于"听得见""听得懂""听得进"三大策略，"中国好故事"数据库靶向施策、持续发力短视频领域，用"破局思维"积极摆脱国际传播渠道、叙事、效果等困境，获得了越来越多的关注与认可。自2019年9月27日"中国好故事"数据库中英文客户端同步上线以来，汇聚了英、法、阿、意多语种外宣故事资源，各语种页面总浏览量超1亿，客户端累计下载量近3000万；"动画里的中国"和"外眼看中国"系列原创短视频，全球浏览总量突破16亿，受众覆盖183个国家和地区；海媒矩阵吸引海外粉丝超136万，短视频累计播放总量超8亿，累计点赞总量超1990万。截至目前，"中国好故事"数据库出品的国际传播短视频精品累计获得国家级、省部级和行业奖项30个。

多元策略讲述"中国故事"的短视频，不仅能提供叙事年轻化的创意表达，实现主流价值观的柔性输出，更为探索中国话语和中国叙事体系在海外的有效落地与精准传播提供了发展契机。未来，短视频将更好地将中国故事、中国文化脉络、中国方案与全球语境有机结合，更全面、更生动、更系统地"讲好中国故事"，开辟国际传播新路径。

以高质效检察宣传履职服务文化强国建设

最高人民检察院国际合作局局长，时任检察日报社党委书记、社长
刘志远

习近平总书记在党的二十大报告中强调："加强全媒体传播体系建设，塑造主流舆论新格局。健全网络综合治理体系，推动形成良好网络生态。"加强全媒体传播体系建设，是党中央提出的建设具有强大凝聚力和引领力的社会主义意识形态目标的重要内容之一。最高人民检察院党组高度重视检察日报工作，应勇检察长多次到检察日报调研、指导工作，并在全国检察宣传文化工作会议上指出，《检察日报》《人民检察》、最高检新媒体是最高检机关报、机关刊、机关号，是检察宣传文化工作的主阵地、主渠道，学好用好宣传好推介好，让人民群众更广泛更深入地了解检察、关心检察、支持检察。检察日报社深入学习贯彻习近平法治思想、习近平文化思想，认真贯彻落实中央《关于加快推进媒体深度融合发展的意见》，紧紧围绕最高检党组加强检察宣传文化工作的新理念新部署，深入推进媒体深度融合发展，加快建设检察全媒体传播体系，塑造检察主流舆论新格局，守好检察意识形态主阵地，内强组织力、外塑影响力，以高质效检察宣传履职服务文化强国建设新成效，为以检察工作现代化服务中国式现代化作出积极贡献。

一、加强顶层设计，优化全媒体协同机制

党的十八大以来，检察日报社深入学习贯彻习近平总书记关于推动媒体融合发展的重要论述，结合检察新闻宣传工作实际，以更大决心、更强举措推进媒体融合改革，把更多优质内容、技术、人才、资金向互联网、移动端倾斜，从横向"报、刊、网、视、端、微"立体发展和纵向服务保障全国四级检察机关两个维度上持续用力，加快打造检察全媒体传播体系。

强化阵地意识，抢占新兴媒体舆论场。习近平总书记深刻指出，谁掌握了互联网，谁就把握住了时代主动权。作为这个时代最大的变量，互联网为媒体行业带来颠覆性变革，推动舆论生态、媒体格局、传播方式持续深刻变化。检察日报社作为检察新闻宣传主阵地、主渠道、主力军，始终保持前瞻性和敏锐性，以慢不得的"危机感"，与时俱进推动传统媒体和新兴媒体深度融合，充分运用新技术新应用创新媒体传播方式，抢占新兴媒体舆论阵地。

我们从2013年开始相继开设报纸微博、微信、客户端，报社所属杂志、最高检影视中心等也建成各自新媒体平台，初步形成新媒体传播矩阵。党的十八大以来，我们加快推进媒体融合，积极构建互联互通、同策同采、先网后报、移动优先、多元传播的系统化、一体化、智能化传播体系，努力提升检察新闻舆论传播力、引导力、影响力、公信力。从2018年7月成立全媒体采编中心，到2020年9月正式组建融媒体中心，检察日报社"报、刊、网、视、端、微"立体发展格局日益完善。截至2023年底，检察日报社共运维、代运维"两微一端"平台34个，粉丝总数6016余万，检察日报客户端下载量28.4万。

擦亮品牌特色，扩大媒体融合发展供给优势。根深则叶茂，本固则枝荣。网络时代众声喧哗，但万变不离其宗，内容生产始终是媒体的立身之本。检察日报社坚持原创输出，注重提高品质、擦亮品牌，扩大媒体融合发展的供给优势，走好高质量发展道路。

为打造更多爆款融媒体产品，我们成立新媒体策划工作室即"追光工作室"，以项目制模式调动报社优质资源，专职进行新媒体策划、运营、推广。自2021年5月成立以来，工作室共策划项目、活动近90个，收获爆款作品近40个，斩获最高检微博史上最高单条原创阅读量纪录（"3亿+"），获得来自中央宣传部、中央政法委、微博、快手等主办单位的外部奖项28个。2022年3月，工作室推出人民检察概念曲《我的答案》，连续登上微博、抖音、网易云音乐、QQ浏览器4个App开机屏，全网话题量破5亿，阅读量达2600万，强势科普新时代检察工作，荣获第十六届精神文明建设"五个一工程"奖。为抢占短视频新赛道，我们专门推出"正义酷"短视频栏目，主打一分钟以内的检察案例短视频。自2020年9月上线以来，"正义酷"已制作并发布原创视频报道800余条，多次登上微博热搜榜。2021年2月，网络大V"辣笔小球"贬低、嘲讽戍边英烈，引发网友强烈愤慨。该事件进入检察环节后，"正义酷"推出《辣笔小球忏悔：我的行为是一种良知泯灭的行为》视频，被今日头条、腾讯新闻等客户端弹窗推荐，被人民日报、头条新闻等多个官方微博转发，全网话题量达1.4亿，成为现象级新闻传播作品。为建立视觉传播主力军，我们创设"察画汇"创意社，专攻漫画、海报等视觉产品。自2020年9月成立以来，创意社共策划制作平面作品1800余张。2021年6月，漫画长图《这么帅气的检察制服，你穿对了吗？》在微信平台发布，两小时内阅读量达"10万+"。除"报、刊、网、视、端、微"各平台，我们还在最高检影视中心打造一支专业的影视团队，将检察官司法为民的形象和精彩的办案故事，通过影视艺术形式传播出去，让更多人民群众了解和熟知检察工作，推出电视剧《人民的名义》《巡回检察组》、电影《检察风云》《第二十条》、网络剧《真相》、网络微短剧《石俊峰办案记》等，引发关注。

升级"生产车间"，加快推进检察媒体深度融合。 坚持系统观念是习近平新时代中国特色社会主义思想世界观和方法论的重要内容。近年来，检察日报社从媒体融合发展新实际出发，在工作理念和工作方法上坚持系统观念，全面深化媒体融合改革，开展了一系列检察媒体深度融合的"硬装修"。

1 2
3

1. 人民检察概念曲《我的答案》
　海报
2. 漫画长图《这么帅气的检察制
　服，你穿对了吗？》截图
3. 影视作品《人民的名义》海报

1. 影视作品《巡回检察组》海报
2. 影视作品《检察风云》海报
3. 影视作品《真相》海报
4. 影视作品《石俊峰办案记》海报

我们全面推行"报网联动",打破"新""旧"媒体二元思维,将传统纸质媒体和新媒体有机融合、整体规划,聚焦刑事检察、行政检察、民事检察、公益诉讼检察"四大检察"重塑报纸版面。我们做优做精融媒体中心,在巩固2020年融媒体中心改革成果的基础上,深度整合新媒体内容、舆情、经营三方力量,将新媒体部门与网络部门即"正义网"深度融合、合署办公,融媒体中心体制机制进一步优化实化。我们设置了编委会办公室,发挥其编委会执行机构职能,加大选题策划执行力度,特别是强化重大报道活动中枢作用,对报社各个采编部门和各地记者站统筹调度,确保打赢报道"硬仗"。

二、加强内容建设,实现融媒传播破层出圈

习近平总书记强调,宣传思想文化工作事关党的前途命运,事关国家长治久安,事关民族凝聚力和向心力,是一项极端重要的工作。检察宣传文化工作是党和国家宣传思想文化工作的重要组成部分,在推进以检察工作现代化服务中国式现代化中,肩负塑造精神、凝聚力量、涵养品质、树立形象、推动工作的职责使命。检察日报社在推进媒体深度融合发展,加快建设检察全媒体传播体系过程中,始终紧扣时代主题,紧贴人民需求,积极主动讲好中国法治故事、检察故事,以融媒传播不断提升检察宣传法治引领力、文化引领力、价值引领力。

坚持围绕中心,服务党和国家工作大局。我们自觉融入建设具有强大凝聚力和引领力的社会主义意识形态,积极宣传中国特色社会主义法治建设的发展进步,宣传习近平法治思想的检察实践成果,宣传检察机关为大局服务、为人民司法、为法治担当的生动故事,宣传更多具有忠诚"底色"、专业"亮色"、廉洁"本色"的检察先进典型,让人民群众感受到公平正义就在身边。比如,对习近平法治思想检察实践的宣传报道,我们融合报纸、杂志、网络等新媒体,以理论的"厚"度阐释习近平法治思想对检察工作的伟大引领力,以社评的"锐"度推动检察实践走向更深更实,以报道的"深"度展示检察实践成果,以社会化表达的"温"度让检察实践更加贴近社

会、贴近读者，以案例的"鲜"度让检察办案更能警示社会、凝聚共识，以融合的"巧"度让检察理念深入人心，全方位、立体式引领全体检察人员践行习近平法治思想，助推广大人民群众拥有深刻的法治中国获得感。

坚持人民立场，以人民为中心凝聚力量。我们深入贯彻以人民为中心的发展思想，以机制创新融媒供给。在采编理念上，树立"如我在读"理念，实现"以编辑为中心"的采编机制向"以读者为中心"的采编机制转变，把为人民群众提供更多更好的新闻产品作为创新检察新闻宣传工作的目标追求；在新闻表达上，实现从编辑语言、检察语言、法律语言向群众语言的转变，构建人民群众听得懂、听得进、听了信的群众语言体系；在传播形式上，满足人民群众多样化的信息需求，多渠道为人民群众提供风格多样的新闻产品。以2023年全国两会宣传报道为例，我们于会前在网络新媒体平台共直播七场最高检"迎两会·新时代检察这五年"系列新闻发布会，发布会采用"线下发布+线上直播"方式举行，方便全国人大代表、全国政协委员和广大人民群众更好了解检察工作，全网阅读量达2600万；在会中紧密结合反诈普法、未成年人保护、检察公益诉讼等人民群众关注度高的主题推出国风视频、方言说唱、SVG动漫等新媒体产品，以轻松活泼的方式，在做好普法工作的同时扩大检察工作影响力。

坚持服务检察，用心用情讲好检察故事。我们围绕新时代检察工作新理念、高质效办好每一个案件、推进"四大检察"全面充分协调发展、加强检察队伍建设等最高检党组新理念新部署新要求，依托全国检察大宣传格局，运用理论阐释、案例报道、大型采访活动、"三人谈"研讨活动、征文活动、新媒体展播等方式，创新主题宣传，突出融合联动，集中展现检察机关为大局服务、为人民司法、为法治担当的高质效履职，生动鲜活讲好习近平法治思想的检察实践故事。比如，我们在2023年组织开展"深入学习贯彻习近平法治思想·高质效履行法律监督职责基层行"大型融媒采访活动，共选派32支采访队伍，走遍全国31个省份和新疆生产建设兵团，采访175个单位500多人，推出32组融媒报道。又比如，我们在2022年全国两会期间，联合快手推出全网首档纪实普法动画短片《重返案发现场·人民的检察官》，创新宣传新时代检察英模事迹，视频播放2.1亿、获赞477万，话题总播放量超20亿，获得众多网友好评。

坚持技术赋能，激活创新驱动引擎。技术创新是媒体融合发展的重要驱动力。在新技术的推动下，新闻报道的形式不再拘泥于文字、图片等传统载体，直播、动漫、视频、音乐、MV、可视化数据、VR、H5等多元媒介的融合运用，使新闻产品更加直观、鲜活，更具互动性、人性化。我们近年来在新闻产品形式创新、表达创新上的一些实践，比如元宇宙策划《两会看检察》、VR情景剧《如果交换人生》、反诈MV《常回家看看》、动画《敦煌寻宝记》等，取得了较好传播效果。特别是追光工作室成立两年来，积极创新尝试多种新媒体表达方式，实现多个"首次"：首次制作抖音道具游戏，创作"护苗行动""三星堆盲盒"抖音道具游戏，结合原创IP《勇闯少年谷》和检察机关保护文物工作进行宣传，其中"护苗行动"相关视频总播放量近3000万；首次进行数字藏品发行，在"未成年人法治画廊数字藏品"发行9900份数字藏品，最快一批次6秒被全部抢空；首次使用"剧本杀"漫画模式宣传检察案例，从大众化解读的角度激起网友对控告申诉检察、检察公开听证等工作的兴趣等。

正能量赢得大流量，大流量带来强效果。得益于聚人气的报道内容和接地气的传播途径，检察日报社近年来融媒产品爆款频出，实现融媒传播破层出圈。以2023年为例，我们在微信公众号推出原创策划800多个，总话题量超7.7亿，其中"10万+"作品达189个，相较于2022年数量翻了一倍多，再创历史新高；强化微博话题运营，#公益诉讼#等44个原创品牌话题量均破亿，其中破10亿话题有8个；《"益"往无前——公益检察官的路》《国风来袭——这是一幅专属中国人的画卷》《12张海报读懂新时代网络法治"中国方案"》等6个新媒体作品被中央网信办指令全网推送。

三、加强队伍建设，夯实全媒体传播体系建设根基

习近平总书记指出："要把我们的事业发展好，就要聚天下英才而用之。"加快建设检察全媒体传播体系，离不开一支政治过硬、本领高强、求实创新、能打胜仗的专业队伍。检察日报社近年来坚持问题导向，梳理检视队伍建设存在的不足，把解决

1. 最高检"迎两会·新时代检察这五年"系列新闻发布会直播海报
2. 普法动画短片《重返案发现场·人民的检察官》海报
3. 反诈MV《常回家看看》海报
4. 动画《敦煌寻宝记》海报

实际问题作为打开工作局面的突破口，更好担负起弘扬社会主义核心价值观、传播法治正能量，坚定检察文化自信、凝聚推动发展力量，深化全媒体传播体系建设、打造检察宣传新格局，扩大中国法治影响力、增强中国法治话语权的责任。

围绕检察全媒体传播体系建设目标任务，检察日报社着力提升队伍"四种能力"。

一是提高政治能力，把牢全媒体传播体系建设的前进方向。习近平总书记指出，在领导干部的所有能力中，政治能力是第一位的。尤其是在当前形势下，提升政治能力显得尤为重要。我们以习近平新时代中国特色社会主义思想特别是习近平法治思想、习近平文化思想凝心铸魂，切实提高政治站位；提升政治与业务深度融合的能力，把学思践悟的成果体现在实实在在的宣传工作成效中；对标对表中央精神，提高把握政治大局的能力；提升舆论斗争能力，牢牢守住检察领域舆论阵地。

二是提高采编能力，提升全媒体传播体系建设的质效。全媒体传播体系建设过程中，不论是新媒体的迭代创新，还是传统媒体的融合破圈，采编能力都是必不可少的核心竞争力。我们逐步向"新媒体为中心"过渡，以互联网思维、全媒体视角审视谋划采编工作，以提升脚力、眼力、脑力、笔力"四力"为着力点，不断提升采编人员的综合能力素质。

三是提高创新能力，强化全媒体传播体系建设的保障。习近平总书记指出，创新是第一动力。在建设全媒体传播体系过程中，要坚持一体发展、移动优先，必须牢固树立创新意识，以改革创新为出发点和突破口。我们加强机制体制创新，优化全媒体传播体系顶层设计；加强内容形式创新，提高媒体融合传播质效；加强技术创新驱动，为全媒体传播体系赋能；加强经营模式创新，提高市场化运营能力。

四是提高融合能力，坚守全媒体传播体系建设的职责使命。从纸上到屏幕，新闻产品的形态更趋多元，人们获取新闻信息的方式更加多样，这就要求新闻宣传必须从单一宣传走向融合宣传。我们做优做强各新媒体平台，全面推行"报网联动"，打破新媒体与新媒体之间、新媒体与报纸之间、报纸各编辑部之间的融合壁垒，实现各媒体平台同频共振，形成全媒体传播矩阵，最大限度发挥各类媒介传播优势，更好提升融合传播质效。

提升"四种能力"需要制度机制为抓手，我们立足实际，因势利导，创新管理激励机制，推动全媒体人才队伍建设迈上新台阶。

一是完善年轻记者成长机制。着力培养有情怀有能力有担当的大记者大编辑，以重大专访、系列报道、深度报道等历练团队、培育人才，在实战中提升"四力"，锻造检察宣传铁军。在最高检政治部的支持下，探索建立"首席记者、领衔记者"制度，公开选拔1名首席记者、4名领衔记者，同时竞聘一批年轻二审人员，通过提升记者编辑的职业尊荣感和获得感，加大优质新闻产品生产力度。

二是建立常态化业务培训和跟班学习机制。积极邀请最高检机关各厅局负责同志宣讲习近平法治思想和各业务条线工作重点，邀请人民日报社、新华社等中央主流媒体负责同志进行专业辅导，提升采编人员业务能力。定期选派编辑记者到最高检机关有关厅局、基层检察院跟班学习，提升编辑记者的检察素养、法律素养。定期组织地方记者站记者到报社采编部门跟班学习，加强报社总部与各地记者站的互动交流，提高记者站记者、通讯员的写作水平。

三是建立重大选题"揭榜挂帅"机制。报社任何具有新闻采编资格的人员，均可自报选题、揭榜挂帅，作为重大报道项目牵头人或牵头部门，独立完成或者领衔组团完成报道。揭榜挂帅作品一经刊发，自动入围报社年度影响力报道候选作品，优先推荐参选中国新闻奖等各类全国性新闻奖项。

四是建立采编品牌牵引机制。我们于2023年开始开展"采编品牌建设年"活动，将在2024年持续深化该活动。活动中，我们以采编品牌建设牵引和倒逼各个采编部门提升采编创新能力，打造优质采编产品。2023年各个采编部门踊跃参与活动，共报送44个候选采编品牌，并按评选要求积极培树品牌。首批采编品牌将于2024年初评选产生。

加强全媒体传播体系建设是一项长期系统工程，检察日报社将在以往取得成果的基础上，坚决落实党中央有关全媒体建设的部署，深入践行习近平法治思想、习近平文化思想，坚决贯彻最高检党组要求，进一步深化报社改革，优化办报办刊办新媒体的思路举措，从完善体制机制、完善机构组织、培养激励人才等方面持续用力，充分发挥全平台、全要素、全媒体宣传资源优势，集中宣传报道全国检察机关一体学思践悟习近平法治思想、习近平文化思想的检察实践，争取打造更多"破圈""跨界""圈粉"的检察新闻、文化、文艺精品力作，让检察文化正能量更加强劲、主旋律更加高昂。

02

运营
服务篇

打造具有行业特色的短视频运营模式

英大传媒投资集团有限公司总编辑、党委委员
王树民
··········

　　英大传媒集团深入践行习近平文化思想，坚决贯彻落实中央关于推进媒体深度融合的战略部署，坚持正确的政治方向、舆论导向、价值取向，坚持移动优先、视频优先，坚持正能量是总要求、管得住是硬道理、用得好是真本事，加快建设全媒体传播体系，推动以"电网头条"为龙头的新媒体传播主阵地建设，并将视频化作为转型的重中之重。

　　短视频既是塑造行业形象、传播行业故事的新兴阵地，也是创新表达方式、生动展现各行各业多元魅力的重要抓手。英大传媒集团于2019年在新媒体中心成立了短视频处，推动短视频内容生产、制作、传播向专业化方向发展。从创建伊始，短视频运营团队就依托自有平台，积极开拓头部互联网平台渠道，整合国家电网公司记者站、基层通讯员、一线员工等视频拍摄力量，构建了"UGC（用户生产）+PUGC（专业用户生产）"的内容生产模式，在国家电网公司系统内培养了一支短视频生产队伍，形成了独具特色的电网企业短视频生产传播模式。

于2019年在新媒体中心成立了短视频处，推动短视频内容生产、制作、传播向专业化方向发展。

整合国家电网公司记者站、基层通讯员、一线员工等视频拍摄力量，构建了"UGC（用户生产）+PUGC（专业用户生产）"的内容生产模式。

全平台粉丝总量达	每日发布原创新闻短视频	总阅读量超过	阅读量突破1亿的短视频	阅读量过千万的短视频
415万	**5~8**条	**52**亿	**5**条	**130**余条

塑造行业形象、传播行业
故事的新兴阵地

短视频

创新表达方式、生动展现各
行各业多元魅力的重要抓手

英大传媒集团推动短视频内容生产、制作、传播
向专业化方向发展

截至目前，电网头条视频号、抖音、快手等全平台粉丝总量达415万，每日发布原创新闻短视频5～8条，总阅读量超过52亿，5条短视频阅读量突破1亿，130余条短视频阅读量过千万。

近年来，基于国家电网公司的行业特点，我们在短视频内容策划、生产、制作、传播等方面进行了一定探索，主要有以下三点体会。

一是"第一选题"视觉表达，用光影记录行业发展历程。 英大传媒集团始终将习近平总书记重要指示批示精神和中央重大决策部署作为新闻报道"第一选题"，聚焦生态文明、能源转型、乡村振兴、共建"一带一路"等重大主题，超前策划、跟踪拍摄制作短视频、微纪录，用光影记录中国故事、国网故事。

《16年默默守护"鸟中国宝"，这场双向奔赴好暖》以江苏高邮一名退休的电网员工周士清为采访对象，记录了他16年守护国家一级保护动物东方白鹳的故事。短视频团队与江苏省电力公司记者站联动，跟踪拍摄3年，通过铁塔监控策划直播东方白鹳孵化幼鸟的过程，同时与周士清所在的团队深入交流，积累了大量的视频素材，剪辑制作出不到5分钟的微纪录，以人物故事反映了国家电网公司践行生物多样性保护的主题。

2023年是"一带一路"倡议十周年。8月份，英大传媒集团即派出全媒体采访团队，赴巴西、埃及、沙特等国家电网公司海外项目进行采访拍摄。采访团队随采随编随发，发挥短视频"短、实、新"的优势，连续推出《"苦"尽"甘"来》《中国带电作业技术走向巴西》等一系列短视频。视频制作短中求精，快中求稳，平中有情，注重新闻报道的现场感，注重图像、音乐和文字的综合运用，表达不受文化、地域、时空限制，受到中外观众的一致好评。

二是"第一现场"视频呈现，短视频成为新闻报道第一发力点。 突发的新闻不可复制，感人的瞬间难以再来，记者不可能时时出现在现场，但我们积极发动每一位在现场的电网员工，让他们变成我们的眼睛，成为我们的记者。在重大突发新闻事件中，我们坚持统筹调度记者站资源和基层一线力量，坚持**"短视频第一时间发布——**

1	
2	3
4	5

1. 国家一级保护动物"鸟中国宝"东方白鹳
2. 英大传媒集团记者在巴西原住民社区与当地小朋友在一起
3. 国网巴电CPFL公司在巴西原住民社区建设的苦咸水淡化公益项目
4. 英大传媒集团新媒体中心记者在被水淹没的新乡110千伏汲县变电站采访报道
5. 英大传媒集团记者练小悦、黄子乾在四川成都开展川渝高温保供电报道

微信微博持续跟进——报刊深度综合报道"的采编发模式，取得了较好的传播效果，让正能量带来了大流量。

2021年河南防汛抢险保供电期间，我们将短视频作为新闻报道第一落点，第一时间剪辑制作前方发回的视频素材，推出《胡辣汤感谢热干面》《无声的感谢都在一针一线中》等300余部短视频作品，全网阅读量过亿。2022年夏季川渝高温，一线电网员工《用2000公斤冰块给电缆降温》的短视频刷屏朋友圈；2023年河北、北京等地防汛期间，《蜘蛛侠飞渡保供电》等多条短视频广泛传播，实现了《国家电网的队伍到哪里，短视频制作传播就到哪里》。

这种报道模式的形成，得益于重大突发事件国家电网公司集团化作战，得益于国家电网公司全媒体传播体系"一盘棋"运作，得益于国家电网长期以来培养的一支敢打敢拼的记者通讯员队伍。

三是"第一视角"创新表达，真实展现独具特色的行业魅力。每个行业都是一个专业领域，都有自己独特性。电网企业的很多生产场景都是普通人无法到达的，甚至我们的记者也难以进入。在这种情况下，创新拍摄技术和拍摄手段，展示独具特色的行业画面是我们短视频创作的又一探索。

《80米高空，好飒！》以第一视角拍摄，记者在"95后"姑娘史明君的安全帽上安装摄像头，记录下她在高空走线的真实感受，让观众如身临其境般紧张震撼。《750千伏带电作业人员出电场瞬间》，短短8秒的视频带来过亿流量，没有配乐，没有特效剪辑，观众感受到的是空气被电力击穿的炸裂弧光和作业现场嗡嗡的电流声，如同真实进入带电作业现场。这种带有科普性质的短视频作品，符合互联网传播规律，也给社会公众了解、认识电网企业提供了一扇窗。

《穿越"死亡之海"守护万家灯火》作为一部微纪录，跟踪拍摄长达10年，在视频剪辑上采用蒙太奇的处理方式，讲述了国网新疆电力员工艾合买提穿越"死亡之海"塔克拉玛干沙漠巡线的故事，视频艺术表现力更强，更加凸显了一线电网员工的艰辛与不易。

1 2
3 4

1. 国网湖北超高压公司员工史明君在80米高空进行线路验收工作（1）
2. 国网湖北超高压公司员工史明君在80米高空进行线路验收工作（2）
3. 艾合买提·托乎提在干燥的沙漠中巡检，每天光喝水就有4公斤
4. 艾合买提·托乎提与同事们每天要在塔克拉玛干沙漠里走10多公里，对沙漠里的线路做一次"体检"

　　未来，短视频将是信息的主要承载形式，视频化、移动化趋势只会越来越明显。英大传媒集团将认真学习贯彻习近平文化思想，聚焦国家电网公司中心工作，紧随时代潮流，讲好中国故事；立足电网一线，深耕内容生产，以平台建设赋能价值创造，用更多更优秀的短视频作品见证国网改革发展进程、记录行业腾飞故事，力争推出更多主题鲜明、具有时代记忆的精品力作，为开创行业宣传工作新局面积极贡献力量。

发挥融媒体矩阵合力　提升行业服务能力

中国民航报社有限公司党委书记、董事长
刘杰

党的二十大报告指出："加强全媒体传播体系建设，塑造主流舆论新格局。"这一重要论述为中国式现代化背景下开创新闻舆论工作新局面指明了方向。传统行业媒体在推进媒体转型、促进深度融合的过程中，为了能够更好地适应行业需求、服务行业发展，越来越重视全媒体传播体系的建设，以多平台、多账号、多形态为特征的融媒体矩阵，越来越多地出现在行业媒体的运营中。

融媒体矩阵是指将不同的媒体平台或账号主体作为同一个矩阵中的不同部分，通过多种手段将内容在不同的平台渠道上进行分发，实现矩阵内的媒体内容互通和共享。建设融媒体矩阵的意义在于，可以帮助媒体运营者更好地管理账号、拓展受众、提高影响力。其核心在于虽"多点发力"但能够汇聚成合力，从而体现媒体运营的核心价值。在全媒体时代，行业媒体如何正确认识融媒体矩阵，通过有效发力，让融媒体矩阵更好地发挥合力作用，服务于行业高质量发展是值得我们思考的问题。

一、行业媒体为什么要打造融媒体矩阵

信息时代迅猛发展，媒体平台不断涌现，当下的媒体运营者几乎都有一个共同的体会："工作越来越忙了！"传统模式下，媒体运营往往只需要专注于一种媒体形式——办好一份报纸或是一份刊物即可。可是现在，新媒体的发展让新账号越来越多，新平台越来越多。多平台、多账号的同步运营，几乎已经成为传统媒体转型后的常态化现象。

从媒体融合的历程来看，融媒体矩阵的产生最初是一个被动的过程。随着信息技术的迭代更新，人们获取信息的载体也在更新换代：纸质转向电子，电子报开始出现在视野中；线下转向线上，人们开始习惯看电脑访问网站；固定端转向移动端，每个人的手机成为最重要的信息载体。特别随着智能手机诞生和移动网络升级，传媒领域的生态都发生了变化。微博、微信、头条、抖音等不同平台的诞生，一步步改变了广大网民获取信息的传统习惯。看电视、读报纸、刷网页获取新闻的生活习惯在不知不觉中改变。一个智能手机的用户每天上下班坐在地铁上刷着手机，就可以很轻松地了解世界各地正在发生的热点事件。

在这样的媒体环境下，传统行业媒体开始试水新媒体领域，如果说最初只是适应变化的权宜之策，那么后来则成为一场传统媒体与新兴平台的"双向奔赴"。一方面，传统媒体依托品牌价值，在各平台开通代表自己的官方账号；另一方面，平台运营商也意识到行业媒体在各产业领域的话语权对于丰富平台生态环境的重要性，所以主动通过各种方式，吸引越来越多有官方认证的行业媒体进驻平台。

中国民航报作为中国民用航空局的党组机关报，在民航业内拥有独具优势的行业公信力和权威性，依托"中国民航报"这一核心品牌，也在融媒体矩阵建设方面不断进行尝试。自有平台方面，报社创立了中国民航网，上线了中国民航报客户端，同时不断拓展新的媒体形式，目前已经形成了涵盖微信、微博、客户端、视频号、抖音、快手、头条、人民号、网易、澎湃新闻、知乎等多平台的融媒体矩阵。

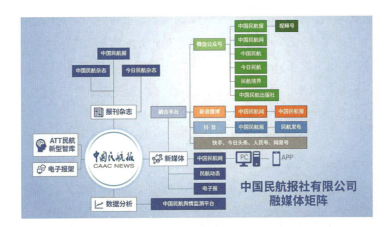

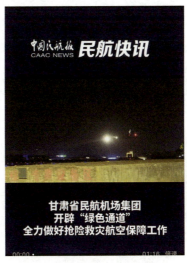

1

2 3

1. 中国民航报社有限公司融媒体矩阵
2. 中国民航网主页
3. 中国民航报视频号专栏《民航快讯》

在实践中，我们也越来越清晰地认识到发挥融媒体矩阵合力的必要性。

一是守住阵地的需要。作为行业主流媒体，坚定宣传党的理论和路线方针政策，宣传中央重大工作部署，坚决落实民航局党组各项部署要求，唱响主旋律，弘扬正能量，更好服务党和国家工作大局、服务民航高质量发展，是我们必须坚持的政治方向。只有主动迎接新媒体发展带来的挑战，积极实践，探索规律，才能让新媒体为我所用，守住新闻宣传的主阵地。

二是增强"四力"的需要。新媒体时代下，尽管各类平台发展方兴未艾，但目前影响力比较大的微博、微信、抖音、头条等多个平台，虽然各有优势，但谁也没有能力做到一家独大。而"中国民航报"这个名字，从某种意义上来讲，代表的是中国民用航空局的正式官方发声渠道。因此，通过多平台覆盖的融媒体矩阵的建立，强化各平台的认知度，不断强化议题设置能力、舆论引导能力和新闻专业素养，在关键时刻和重大问题上不失声、不失语，才能提升新闻舆论传播力引导力影响力公信力。

三是品牌传播的需要。"中国民航报"这一核心品牌经过数十年口碑的积淀，积累了足够厚重的影响力和公信力。那么如何将这一品牌价值在新媒体时代得到继承和延续，融媒体矩阵的打造是一个不错的选择。通过多账号、多平台的集中发力，进一步强化原本的品牌和价值，是传统行业媒体应对媒体融合新题、开拓全新局面的破题之选。

二、发挥融媒体矩阵合力的有效方法

融媒体矩阵之所以能称为"阵"，就在于平台也好、账号也好，虽然各自是独立的媒体形态，但组合在一起就可以产生出1＋1＞2的效果。"散是满天星，聚是一团火"。中国民航报在媒体转型和深度融合中，探索出了一条能够通过融媒体矩阵运营更好服务于行业需求的多元化发展之路。下面，结合民航报在新媒体领域的一些实践，介绍一些比较有效的融媒体矩阵运营方法。

方法一：视觉化加工，让静态新闻生动起来

中国民航报融媒体矩阵中的抖音号、视频号、快手号都是以短视频为展现形式的。由于报社视频制作力量有限，这些账号在开设之初，发布作品主要依靠行业通讯员的来稿，账号的话题设置和栏目设立较为随意。

中国民航报在开通了视频号之后，开设了两个栏目"民航快讯"和"民航现场"。栏目在建模初期由专业美编设计，统一封面、统一模板、统一格式，再通过每周2～3次的密集发布，逐渐在广大用户中形成鲜明的辨识度，实现了静态文图新闻的动态化。与此同时，栏目模板向报社全体采编记者开放，有效地解决了视频拍摄力量不足的问题。传统的报纸文字记者在完成文字稿件的同时，只要采集到新闻的图片、视频片段等素材，经过简单的加工，即可以制作完成一件视频新闻作品，并实现多视频平台的分发。

随着视觉化产品在信息传播中越来越占据主导地位，人们越来越不满足于传统的静态文字新闻的展现形式。媒体转型的一个方向就是文字新闻的可视化。融媒体矩阵可以把相同的新闻进行不同平台的分发，但不是简单地复制粘贴，而是结合读者的需求，将新闻进行可视化处理，比如事件新闻的时间轴梳理，解释性新闻的一图读懂，突发新闻的视频呈现等，这些都有助于让融媒体矩阵在新闻传播中发挥合力，帮助读者多角度了解新闻事件的全貌。

方法二：线上下联动，让行业资源有效整合

协助组织中国民用航空局每月例行的新闻发布会是民航报的一项重要工作。利用民航报融媒体矩阵的传播效力，努力将线下会议和线上传播有效联动，可以帮助广大社会公众更好地了解新闻发布会内容。

第一，配合新闻发布会的时间，报社会派出文字和摄影编辑团队组成直播小组，在中国民航网和中国民航报客户端，进行发布会的文图直播，实现第一时间的内容全程发送。第二，利用中国民航网微博的快速传播特点，报社会组织编辑梳理出发布会的新闻点，以新闻简讯+设置话题的模式在微博进行连续内容发布。第三，专业方向

1   1. 中国民用航空局新闻发布会现场
2   2. 中国民航报新媒体直播团队在工作中

的新闻记者会提炼当日发布会上最受公众关注的话题，撰写新闻稿，利用中国民航报微信公众号进行二次落点的新闻重点推送。与此同时，新闻视觉化的工作也会同步进行，视频号平台等也会参与热点新闻的发送。

值得一提的是，随着报社融媒体建设的推进，逐步解决了视频直播的技术问题，因此，针对新闻发布会，又多了一个线上线下联动的手段，就是利用视频平台进行新闻发布会的视频直播。在新冠疫情期间，这种方式有效解决了记者无法到现场参加发布会的问题，协助局方实现了线下会议线上同步直播。

在媒体融合时代，媒体矩阵的运营，从某种角度来看，其实是资源整合方式的创新。运用线上、线下联动的方式，民航报近年来尝试创立一些新的品牌栏目，在发挥媒体服务行业发展方面起到了积极的作用。"民航智见"栏目就是一个成功的案例。

智慧民航的发展，推动行业政府、科研院所、企业客户等多方资源互动越来越频繁，如何促进这种良性的互动更加顺畅有序，媒体有了许多积极作为的空间。民航报依托自身的融媒体矩阵平台和智库资源，创立了全新的"民航智见"品牌栏目。"民航智见"栏目有效利用融媒体矩阵的在线直播功能，在疫情期间，把原本的线下研讨会形式搬到了互联网上，每期结合行业关注的热点话题合理设置议题，邀请权威机构、行业专家、企业代表、合作单位共同探讨，相关的技术成果、意见建议、成功案例通过全媒体平台进行有效的推广。栏目创立以来，已经成功举办了二十余期，涵盖新技术应用、民航安全建设、行业文化推广等多个领域，为媒体服务行业提供了全新的样本，栏目本身也在首届中国行业媒体融合发展创新案例征集活动中入选中国行业媒体融合发展创新案例。

方法三：组合拳出击，让全媒体优势得以体现

融媒体矩阵运营中的全媒体策划，在重大新闻事件报道中成效非常明显。中国民航报在大兴机场开航前组织的一次机场跑道校飞的全媒体报道就是一个典型的例子。

不同于大兴机场开航，社会公众对机场跑道的首次校飞工作关注度并没有那么高，但对于一座机场的建设进程来讲，这却是一项具有划时代意义的工作，同时，也

1. 《中国民航报》刊登关于大兴机场校飞的报道
2. 《民航智见》在线论坛正在举行

是充分展示民航工作专业化水平的一次契机。因此，报社根据民航局对此次工作的部署安排，制定了覆盖全媒体的宣传报道方案。一方面，组织几路记者分别全程跟随工作组，每组都从文字、图片、视频三个方面采集素材；另一方面，后方策划和编辑团队结合所有媒体平台传播优势制定不同的内容传播方案。

整个事件进行过程中，中国民航网微博第一时间发布了首架校飞飞机落地跑道、留下第一道车轮印的视频，在网络上迅速引起广泛关注。之后结合文字和摄影记者的素材，分别在微信、客户端、今日头条等账号上展开全方位的新闻跟踪报道。抖音、视频号等平台进行新闻视觉化处理并及时发布。与此同时，中国民航报客户端对关于此次校飞工作的新闻发布会进行全程直播，让各相关单位负责人分别从不同专业视角介绍此次校飞任务。在任务完成后，又利用报纸、网站、公众号对整个校飞工作进行深度阐释和解读。最值得一提的是，借助这次新闻热点事件，报社还向广大社会公共进一步科普了"什么是机场校飞工作"。在前期预热阶段，就组织记者分别摄制了关于校飞科普内容的四川话抖音短视频和普通话"民航V知识"长视频，配合热点新闻的发布，通过视频平台进一步发酵，对增强广大公众对民航校飞工作的了解起到了非常好的作用。

方法四：专业化引导，为用户提供精准服务

2020年4月伊始，中国民航报发布的一条公众号信息《重磅！明日起，从26国乘机回国的中国籍旅客需提前填报防疫健康信息》，一夜之间点击量达到10万+。信息内容很简单，就是民航局与海关总署联合发布的一个公告。

公告本身内容事关回国乘机旅客从而得到关注是一个原因，而另一个重要原因是，在新冠疫情刚刚开始肆虐的特殊时期，应对疫情的每一条政策推出，公众需要的是精准的服务解释工作。中国民航报公众号的编辑在发布信息当晚，彻夜没有休息，在评论区逐条回复读者在后台提出的各类疑惑问题。一时间，这条评论区远远长于正文的微信，让中国民航报公众号迅速得到公众广泛关注。随后，公众号又在政策实施的第二天，推出一条信息《乘机回国填写防疫健康码国际版小程序，攻略戳这里》，不出所料，依然是迅速达到10万+点击量。

这个例子对于行业媒体的新媒体运营是很有启发意义的。新媒体的产生，对比传统媒体有一个很大的变化，就是"用户来到了我们的面前"。各个新媒体账号的粉丝，就是媒体内容的直接受众，内容提供得好，受众会主动来到我们面前；内容提供得不好，受众很快就会抛弃我们。

这种媒体与用户的交互性，深层次改变了媒体的运营逻辑。完全被用户牵着鼻子走，有可能陷入唯流量论，但如果可以坚持正确的方向，了解用户的需求，更好地提供专业化的内容，则可以对行业受众起到很好的引导作用。

在抗击新冠疫情期间，中国民航的各类政策措施受到了前所未有的关注，民航局发布的各类政策措施也亟需第一时间传播给公众。正是利用新媒体可以和用户面对面的特点，中国民航报融媒体矩阵运营全天24小时不停歇运转，通过微博号、公众号、头条号等实时发布有关旅客出行的各类信息，最大程度满足了广大人民群众的出行需求。2021年12月，中国民航网微博账号还获评中央网信办"走好网上群众路线百个成绩突出账号"。

三、发挥融媒体矩阵合力的着力点

融媒体矩阵不是一个静态的存在，随着媒体融合的深入，信息技术的进步，新兴媒介的产生，行业媒体的融媒体矩阵也在不断演变着。因此，如何有效发挥融媒体矩阵的合力，是一个常思常新的课题。综合报社多年来的实践经验，笔者认为可以着力从以下三方面入手做好运营工作。

一是坚持"三个一"的理念，即一个品牌，一个中心，一体指挥。要认识到行业媒体的融媒体矩阵，绝不是已有的媒体账号和平台的简单叠加。矩阵中的所有媒介主体应该统一到核心品牌的核心价值上，由统一的指挥中心综合全盘来规划和组织矩阵中各个要素的运营工作。与此同时，融媒体矩阵中的参与者也应该明确自身所处的定位、角色和作用，以便于从全局出发，更加清晰准确地开展运营工作。

"中国民航网"微博账号获评中央网信办"走好网上
群众路线百个成绩突出账号"

二是重视培养具备全媒体运营能力的人才。随着新媒体的不断发展，传统媒体记者为了适应时代的变化，开始培养自己的新媒体技能，学着使用媒体软件，学习图片技术，学习视频剪辑。越来越多的具备全媒体技能的人才涌现出来。然而，很多单位可能忽视了全媒体运营人才的培养。融媒体矩阵能够真正地发挥合力，需要更多有全局意识，同时精通各类媒体运营规律，且能够自如地实现媒体互联互通，发挥综合效能的人才。因此，运营人才的培养始终不应被忽视。

三是制定有助于发挥融媒体矩阵合力的考核机制。融媒体的考核机制一直是个难题，特别是对于行业媒体来说，每个行业、每家单位都有自己的实际情况，很难互相照搬。无法适应媒体形势发展的机制，很可能成为融媒体发展的桎梏。在融媒体矩阵运营中，考核机制的制定一定要基于媒体核心竞争力进行顶层设计、全盘策划，然后再逐层逐项分解推进。如果考核机制不能从有助于发挥矩阵合力的出发点制定，可能会导致矩阵内部的各个运营主体陷入无序的竞争，或造成有限资源的抢夺或浪费，最终损害的是核心品牌的核心竞争力。

融媒体矩阵的课题是时代的课题，探索融媒体发展之道，我们一直在路上。在近期召开的全国宣传思想文化工作会议上，党中央正式提出并系统阐述了习近平文化思想，为我们做好新时代宣传思想文化工作，在新征程上继续推动文化繁荣、建设文化强国提供了强大思想武器和科学行动指南。相信通过深入学习领会习近平文化思想，行业主流媒体将在开创新闻宣传文化工作新局面，为推动高质量发展提供强大精神动力和良好舆论氛围方面发挥更大的作用。

建设多元服务平台，让大流量成为"大留量"

应急管理部综合减灾和改革协调司副司长、一级巡视员，
时任中国应急管理报社总编辑
王正民

党的十八大以来，以习近平同志为核心的党中央高度重视媒体融合发展。中共中央办公厅、国务院办公厅印发《关于加快推进媒体深度融合发展的意见》，强调"要发挥市场机制作用，增强主流媒体的市场竞争意识和能力，探索建立'新闻+政务服务商务'的运营模式"。这为媒体推进深度融合发展、增强自我造血功能指明了方向路径、提供了根本遵循。

近年来，中国应急管理报社深入学习贯彻《意见》精神，坚持"内容为王"与"服务为上"相互促进，坚持"服务力也是品牌力竞争力"，以人民为中心为导向，以用户需求为牵引，增强精准服务意识，建设多元服务平台，在拓展服务供给中育新机开新局，核心竞争力、品牌辐射力、社会影响力不断增强。

一、精准服务，多元平台释放效力

作为人命关天的大事，应急管理涉及人人、事事、时时、处处，具有涉及面广、覆盖人群多、关注度高等特性，可谓"自带流量"。让"大流量"转化为"大留量"，

就要增强用户意识，念其所想、问其所需、供其所求。作为行业媒体，中国应急管理报社立足应急特色，发挥自身优势，深耕应急领域，探索构建"强服务、聚用户"模式，提高定制化、个性化、精准化供给能力，加速从单纯内容生产者向综合服务提供商转变。

——围绕中心，做好政务服务。

作为应急管理部直属单位，中国应急管理报社把做好政务服务作为围绕中心、服务大局的重要体现，作为展示担当、树立形象的重要窗口，大力推动优质资源向新阵地聚集、向移动端倾斜。

目前，报社承担应急管理部微信微博和视频号、国家安全生产应急救援中心微信等多个官方政务新媒体运维任务。相关平台拥有上千万的粉丝量级、数十亿级别的浏览量，传播力、引导力、影响力、公信力不断增强，受到应急管理领导充分肯定和广大用户欢迎。

此外，报社还积极承担应急管理部重要课题研究、重要书籍编写、重要宣传片摄制等任务，为应急管理部党委推进工作、科学决策提供有力支撑，在做好政务服务中树立报社品牌、赢得更多支持。

——深挖需求，做细舆情服务。

应急管理涉及灾害事故应对处置，敏感度高、燃点多、触点低，在人人都有摄像头、麦克风的时代，更易引发舆情。发现在先、处置在早，是政企单位应对舆情、维护形象的迫切需求。

中国应急管理报社2019年启动应急管理大数据舆情服务项目，搭建目前国内最大的应急管理舆情数据库，创办《应急管理舆情内参》《应急管理舆情晨报》等产品，为1000多家垂直领域的政企单位提供服务，有力推动从事后舆情监测向事前风险预警转变、从静态研判向动态监测转变、从单一事件监测向关联网络的风险研判转变，为政企客户提供及时有用的决策参考。

经过多年实践摸索，报社应急管理大数据舆情服务项目升级迭代，逐步形成舆情

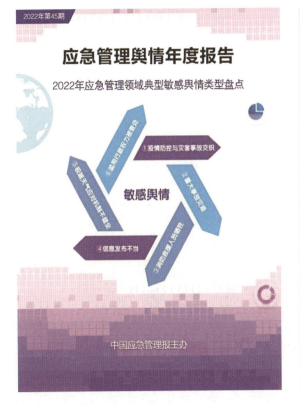

1　2　　1.《应急管理舆情内参》
　　　　　2.《应急管理舆情晨报》

咨询、风险预警、数据挖掘、专业培训等多元服务体系，初步实现社会效益和经济效益良性互动。

——面向公众，做强公益服务。

作为应急管理的基础性、战略性工程，应急科普是保民平安、为民造福的公益事业，是推动公共安全治理模式向事前预防转型的重要举措，功在当代、泽被后世。

中国应急管理报社"报刊网微端"始终把应急科普作为拳头产品、重点内容来谋划实施，开设《科教》专版和《应急科普》《警钟长鸣》《以案说法》《央企讲安全》《代表委员话应急科普》等专栏，实行"一个主题、N种表现、全媒呈现"，力求全方位、多层次、多声部传播，在释疑解惑、成风化人的同时，增加用户黏性、拓展用户市场。

以应急管理部微信微博为例，平台聚焦公共安全、生活安全、生产安全、防灾减灾等领域，每年制作发布应急科普作品3600余篇，总阅读量达到39.4亿人次，有力推动"人人讲安全、个个会预防、随时能应急"。

——按需施策，做活定制服务。

用户需求千变万化，如果做不到"一把钥匙开一把锁"，必然导致供需失衡、服务失色。唯有了解所需、满足所求，才能以精准供给，让报社"被需要"、用户"离不开"。

针对有关单位需求，报社实施全时段监测、全过程介入，提供个性化、精准化大数据舆情监测服务，做到"企有所呼、我有所为"。

针对一些地方应急管理部门新闻宣传需求，报社充分发挥主流媒体的专业能力、专业人才和资源整合等优势，提供选题策划、业务培训、活动组织、效果监测反馈等一条龙服务，制作一系列高质量产品，提供一揽子定制化解决方案。

二、守正创新，做深做细做准服务

不断输出高质量服务，才能持续壮大"用户圈"。中国应急管理报社坚持导向为魂、用户至上，在把准方向、把握规律、把好节奏上下功夫，努力以高水平服务提升用户忠诚度、开辟发展新空间。

——看好"天气"，确保导向不偏。

以用户为中心，绝不能将其低层次、片面化理解为吸粉引流、增加收入，绝不意味着为了"留量"就可以丧失灵魂、忽略导向。

中国应急管理报社始终牢记"我是谁、为了谁、依靠谁"，始终坚持围绕中心、服务大局，始终恪守成风化人、凝心聚力，紧跟党中央、国务院重大决策部署，紧扣习近平总书记关于应急管理重要论述，坚决把正确政治方向、舆论导向、新闻志向、工作取向嵌入服务全过程、各方面，确保服务不失焦、不失准、不失向。

2023年"安全生产月"期间，报社针对上海市应急管理局宣传需求，紧紧围绕学习贯彻习近平总书记关于安全生产重要论述，邀请重点央企和上海市属国企主要负责人出镜，拍摄制作《企业主要负责人谈安全》系列短视频报道。报道站位高、落地实，以小切口呈现大主题，以小故事反映大变化，实现了宣传效果和服务效果双赢。

——接好地气，力求有用好看。

当好服务者，就要放弃"高高在上"的姿态、"官模官样"的说教，俯下身子问民情、迈开步子解民忧，以细心贴心用心，换用户倾心安心放心。

近年来，报社在运维应急管理部微信微博过程中，想用户所想、做用户所需，及时发布重大事故隐患判定标准汇编以及全国安全生产月主题宣传片、海报、公益广告等，并提供下载链接。许多用户留言表示，"真实用"，"能提供原版高清下载太好了，谢谢"。

在做好政务服务的同时，部微信微博还做活传播形式，充分利用"一图读懂"、短视频、H5等用户喜闻乐见的形式，对应急管理重大决策部署、重要政策文件、节假日安全提示等进行图文并茂、声影兼备的"包装"。这让"硬信息"不再"高冷"，有力增强用户场景感、交互感和沉浸感，把严肃政策法规、枯燥应急知识和生硬安全提示，转变为生动活泼、易于传播的大众话语，做到深入浅出、通俗易懂。

全国安全生产月期间，联合上海市应急管理局、上海市国资委，
报社策划推出企业主要负责人谈安全专栏

　　部微信微博还注重用户"问需于政府"和政府"问计于公众"有机统一，围绕"最美应急管理工作者"评选、应急普法作品征集展播、十大逃生演练科普视频等开展投票、答题、闯关等活动，以较强的互动性、趣味性增强政务新媒体的人格化、亲民性。

　　——聚好人气，整合力量资源。

　　作为应急管理新闻宣传主阵地主力军主渠道，中国应急管理报社影响力品牌力不断增强，与专家学者、应急机构等保持密切联系，"朋友圈"越来越大，"合作网"越来越密。整合资源、汇聚众智，借船出海、借梯登高，就能"众人拾柴火焰高"，为服务赋能助力、增光添彩。

　　以应急科普为例，报社广泛与应急部门、科研单位、高等院校、重点企业、媒体同行等加强对口联系，实行选题共谋、作品共建、成果共享，大力推进"新闻+科普"、名人式科普、艺术化科普、可视化科普，推出《代表委员话科普》《央企讲安全》《专家话防灾科普》等短视频栏目，大大提高应急科普权威性、吸引力、感染力和到达率。

　　2023年宁夏银川富洋烧烤店"6·21"特别重大燃气爆炸事故发生后，应急管理部微信微博和报社所属各类媒体平台围绕公众关注的燃气软管安全、液化气罐安全、燃气管网安全等，会同有关燃气单位专家，分主题、有计划策划制作了一批应急科普报道。这些报道权威准确、生动活泼、贴近生活，阅读量均为10万+。其中，《关系千家万户，一定要知道的燃气使用安全知识》阅读量近千万，被人民日报、新华社、央视等多家中央媒体客户端转载。众多用户在部微信留言，"万分感谢用心科普"，"非常实用，很有安全感"。

　　三、服务为战，推动队伍提质强能

　　中国应急管理报社既依靠多元服务这个增长点、新蓝海，拓宽了经营模式，实现了"流量变现"，又依托多元服务这个练兵场、大课堂，让队伍实现观念之变、能力之变。

1 3
2 4

1. 十大逃生演练科普视频评选

2. 清华大学薛澜等三位教授接受记者专访

3. "来高校　看应急"系列报道中，报社采访团、湖北省应急管理厅一行到武汉大学，探讨应急管理人才培养与建设，开展一场研讨式采访

4. 报社邀请新兴际华研究院院长张晓昊为应急管理大学（筹）学生授课指导

——增强"三个思维"，引领转型升级。

过去，报社各平台"对上"关注更多，对用户思考什么、反馈什么等考虑不多，也未构建畅通的"下情上达"渠道，一定程度存在自说自话、自娱自乐、自弹自唱的情况。虽然各平台初步实现"你中有我、我中有你"，但仍存在各自为政、单打独斗的现象。

经历闯荡市场的风雨，更知媒体融合的短板，更添勇往直前的底气。如今，各平台普遍增强了用户思维，把用户"需要什么"与媒体"生产什么"对接起来，通过增强内容供给的精准性、契合度，提供更多个性化、特色化的服务产品，推动双向奔赴、互相满足；普遍增强了服务思维，把"对上负责"和"对下负责"统一起来，眼睛多向下看、脚步常向下走，组织记者编辑到一线查实情、听实话，通过接地气、有分量的报道，推动解决基层急难愁盼；增强了融合思维，把传统媒体和新媒体要素融合起来，注重在重要服务、重大报道中打破"新旧界线"、部门隔断，实行集成化、融合式、大兵团作战，有效破除"两张皮、两不融"问题，加速形成"融为一体、合而为一"格局。

——持续提升"四力"，锻炼全媒人才。

媒体的核心竞争力是人，融合发展关键在人才。报社把多元服务平台，作为"刀在石上磨、人在事上练"的练兵场，作为"八仙过海、各显神通"的大舞台。

为做好应急管理部微信微博和视频号运维任务，报社专门成立融媒体工作部，将其视为融合报道的试验田、先行先试的生力军。按照应急管理部要求，融媒体工作部积极派出力量参加中国救援队驰援土耳其地震救援、国务院安委会综合督导检查、应急管理部专家指导服务、"应急使命·2023"高山峡谷地区地震救援演习等重大报道活动。

在时间紧、任务重、要求高的情况下，记者编辑践行"四力"，拿起手机拍视频、拿起话筒做主播、敲击键盘写报道，用心用情制作了一批有品质、有格调、有温度、有情怀的融媒体报道。在基层、在现场、在路上，一批"提笔能写、对镜能讲、

1
2

1. 报社记者深入吉林省舒兰市开原镇模范村，探访灾后恢复重建
2. 报社鼓励引导越来越多的记者出镜采访，全媒体人才加速成长

举机能拍"的全媒人才加速成长，为"融"出精彩、"融"通未来奠定基础。

在应急管理大数据舆情服务中，报社致力于培养专业舆情和大数据挖掘分析人才。通过业务培训、交流学习、实践锻炼等各种方式，报社舆情服务团队不断成长，培养多名上接天线、下接地气和眼光独到、文笔犀利的舆情分析师，技术、运维等全链条、专业化服务队伍独当一面。

四、砥砺奋进，不断提升服务能力

向市场要效益，让流量变"留量"，不能一蹴而就、一劳永逸，需要持续深耕、久久为功。

近年来，在"新闻+政务服务商务"方面，中国应急管理报社虽然蹚出了一条路子，取得了一些成绩，积累了一些经验，但与应急管理事业改革发展需要相比，与应急管理工作涉及面相比，与用户更好服务期盼相比，还存在服务本领不够强、服务质效不够高、服务范围不够大、服务品牌不够响等短板。"逆水行舟用力撑，一篙松劲退千寻"，必须思深虑远、砥砺前行，改进不足、补齐短板。

建强服务队伍是根本。从泛众化到个性化，从大众服务到精准服务，从内容生产到项目运营，多元服务、精准服务对报社队伍提出更高要求，"一专多能、一员多用"成为"硬通货"。报社将立足当前，通过内部轮岗、人员调岗等方式，有序推动现有人员到多元服务平台历练，通过实践实战，增强服务本领；着眼长远，大力推进人才培养目标与"新闻+政务服务商务"无缝对接，推动采编从业者向专业策划人、舆情服务商、产品经理转型，不仅成为新闻产品生产者、记录者，更成为优质服务提供者、维护者。

提高服务质量是基础。改进服务无止境，永远在路上。报社将围绕政务服务、舆情服务、公益服务、定制服务四大服务板块，通过面对面调研、点对点走访、一对一对话等方式，开展用户需求大梳理、问题大排查，增强按需供应、及时供应、丰富供应能力，真正把服务做到点子上、送到用户心坎里。同时，通过业务研讨会、经验交流会等，组织相关部委、中央主要媒体、高校研究机构、各大商业平台、应急管理部门等单位人员，对报社已有服务板块把脉问诊、建言献策，集思广益提升服务质量，群策群力擦亮服务品牌。

拓宽服务范围是关键。当前，应急管理事业蓬勃发展，人民群众对美好生活需求日益强烈，这为报社开拓服务空间、做大服务体量提供难得机遇。优化存量，更要寻找增量。只有不断拓宽服务范围，才能持续收获经济的增长点、发展的动力源。下一步，报社将围绕已有服务板块，继续深挖需求、开拓市场，服务更多政企单位。同时，在新型媒体智库建设、文化创意产业、政务栏目制作等方面谋划布局、尝鲜试水，努力开辟新赛道、进军新领域、谋求新发展，不断增强内容产品的市场竞争力以及价值变现能力。

守正创新　推进央企领先融媒体中心建设

中国石化报社社长、总编辑
杨守娟

近年来，中国石化报社（以下简称"石化报社"）连续开展"融合创新年""融合提升年"活动，聚焦"打造央企领先的融媒体中心"，聚力推动新闻宣传与中国石化集团公司中心工作、与党建工作、与改革管理提升，以及媒体与媒体等方面的融合创新。年初制定方案，明确融合目标任务和重点工作，年中检视，年底考核，各媒体平台在总策划下，结合自身特点，向深化内容生产供给侧结构性改革转变，打造全媒体内容新生态，通过持续抓、深入抓，媒体融合发展成效显著，已构建起全媒体矩阵。

2023年，石化报社大力推进媒体融合，不断拓宽传统渠道，持续发布优质内容。其中，中国石化微信公众号粉丝全年净增长148.6万人，10万+文章超228条。中国石化报微信公众号粉丝量增幅达75%。中国石化微博阅读量2.3亿，互动总数93.23万，创作视频938条，累计播放量610万+，13篇微博阅读量超过100万+，登上微博热搜4次。短视频全网粉丝量突破400万，增幅达20%，全年全网流量7亿。

1
—
2
—
3

1. 石化报社社长、总编辑杨守娟
2. 石化报社社长、总编辑杨守娟（左二）工作照
3. 中国石化报社社长、总编辑杨守娟工作照

一、聚焦内容为王

（一）聚力宣传习近平新时代中国特色社会主义思想

石化报社各媒体坚持把习近平新时代中国特色社会主义思想宣传贯穿始终，紧盯总书记出席的重要活动、发表的最新重要讲话，按照"不过夜"要求，头条刊发权威报道。2023年，石化报社浓墨重彩做好总书记视察胜利油田两周年特别报道和视察九江石化重大消息报道，开设主题教育专栏，第一时间把党组学习贯彻总书记重要指示精神作出的部署宣传出去，并配发系列评论，解读党组部署要求，统一干部员工思想和行动。紧跟中国石化扎实开展理论学习、调查研究、推动发展、检视整改最新进展和做法成效，着力营造"学思想、强党性、重实践、建新功"的浓厚氛围，以媒体的力量，推动主题教育深入扎实开展，推动习近平新时代中国特色社会主义思想入脑入心、走深走实、见行见效。

（二）做好中国石化高质量发展宣传报道

石化报社坚持把新闻宣传工作放到全局中去谋划和定位，始终聚焦大局、服务大局、保障大局，始终聚焦中国石化勇担服务全面建设社会主义现代化强国的战略性力量、带动我国产业体系全面升级的引领性力量、推动国家经济社会发展的支撑性力量。同时，石化报社结合中国石化集团公司"牢记嘱托、感恩奋进，创新发展、打造一流"主题行动，继续开展"融合提升年"活动，重点是要实施好"传播力提升"行动，进一步做大传播力，做强影响力。把责任扛在肩上、把行动落实到脚下，以"严细实"作风，把镜头和笔触对准一线，充分挖掘好石化新闻这座"富矿"，将主题宣传、成就宣传、典型宣传的"大写意"，通过精致的"小工笔"，书写增产保供的新成效、改革转型的关键招、科技攻关的新探索、精准管理的实招法、党建创新的新案例、先进典型的好故事。

（三）紧贴用户需求，打造精品"爆款"

爆款作品的本质是传者与受者之间形成最大公约数，是双向奔赴的高效传播——传者将信息送达最多用户，受者得到最大信息满足。精品爆款内容不仅能形成强烈的记忆点，提升用户忠诚度，而且能展现媒体单位策划包装制作的综合实力，构建竞争护城河。在运维新媒体的过程中，石化报社通过紧贴热点、强化包装、技术创新、联动传播等四个维度寻找"最大公约数"。

近年来，石化报社坚持纸媒与新媒并重，做强要闻，做深专题，做精电视新闻。同时，加快引进、培养和使用适应媒体融合的新闻宣传人才，通过多媒体联合采访、多岗位历练、挂职锻炼和同行学习交流等多种方式培养，在新机制下，一批新媒体创新团队孵化而出，包括融媒体创新工作室团队、石化V视科普团队、"大话石油"视频团队、漫画创作团队、石化主播团队、海报团队等，打造大量"爆款"产品。

坚持策划先行，以"专业新闻+真情实感"讲好石化故事、中国故事，将正能量做成大流量。2023年"五一"假期，"深地一号"直播关注人数超2.3亿人，#亚洲最深井在塔里木盆地开钻#登上微博热搜第三，中国石化媒体矩阵全平台发布内容超百条，总阅读量超2000万；11月，参与跃进3-3XC试产报道，自有全媒体发稿90余条，微博话题#中国刷新亚洲最深井纪录#阅读量8039.6万，登上热搜第三位，话题#亚洲最深井获高产油气流#阅读量6495万。网民评论正向积极，"每项了不起的成绩背后，都是无比艰辛的付出""相信未来还会有更大突破"。**强化科学普及，以"硬核内容+创意玩法"做好石化行业知识推广，丰满我国创新发展的羽翼**。短视频平台相继推出"石油从哪里来""大话加油""深地一号""气从哪里来""硬汉石油"等20多个主题策划系列视频，其中"加油枪抖一抖是为了省油么"播放量超过1亿；**创新话语表达，以"新鲜内容+鲜明个性"贴合目标用户的文化特征和接受偏好，赢得用户关注与青睐**。2023年2月，中国石化喊话《流浪地球2》、展示央企科技实力的微博阅读量达283万，转评赞1.35万，话题#你们负责想象，我们负责将科幻变成现实#阅读量超2.3亿，话题#国家队团建式喊话流浪地球#阅读量1.8亿，相关内容相继被人民日报、新华社、央视新闻、俄罗斯卫星通讯社等20多家国内外主流媒体报道转发。

1 2 3
4

1. 中国最深井刷新亚洲纪录微博热搜
2. 中国石化喊话流浪地球2微博
3. 央视转发中国石化喊话流浪地球
4. 俄罗斯通讯社报道中国石化超高分子量聚乙烯纤维

二、搭建融媒体矩阵

（一）加强顶层设计，精心制定媒体融合发展规划

石化报社将加快推进媒体深度融合作为"十四五"重大工程，要求聚焦"打造央企领先的融媒体中心"，锚定"党报品质、行业标杆"，做强主阵地，挺进主战场，用好主渠道，聚力提升"精准报道、精彩呈现、融合传播、价值服务"水平，旗帜鲜明"为中国石化鼓与呼"，并明确了"全面加强优质内容供给""倾力打造移动传播体系""做强做优媒体宣传策划""切实加大开门办报力度""持续强化先进技术应用""加快深化体制机制改革""深入实施人才兴社战略""切实发挥党建引领作用"八个方面重点措施。

为充分将新媒体的技术优势、渠道优势和传统媒体的内容优势激发出来，石化报社打破纸媒和新媒内容供给壁垒，所有重大项目、重要决策、重要会议以及重大人事变动信息，新媒体必须当日推出；所有编辑记者采集的音视文图，必须同步向新媒体提供；所有选题策划活动，新媒体记者编辑必须参与；所有重大活动，必须实现融媒传播；对同一题材内容，新媒体负责快速、交互、多元传播，传统媒体负责严肃、深度、精细传播，各司其职、各美其美。在海量内容保证下，石化报社融媒体集群实现持续高产优产，用制度保证媒体融合传播。

石化报社发挥专业媒体特色优势，统筹优化新媒体账号，加强各媒体资源共享、信息共享、相互赋能、同频共振、融合互促，推动媒体融合向纵深发展。加快实现新媒体与传统媒体、新闻生产与媒体管理、人员管理的融合。

（二）打造融媒集群，一号一策制定传播方案

石化报社以《中国石化报》《中国石化》杂志等纸媒和电视媒体为依托，顺应移动互联网发展大势，积极构建新媒体平台，建成中国石化新闻网、石化新闻App等自有新媒体平台；入驻微博微信第三方商业平台，打造中国石化报微信公众号、石化V视等一批有影响力的新媒体账号。目前，石化报社已形成"报刊台网端微屏"为一体

中国石化报社全媒体矩阵图

的融媒集群，持续增强新时代企业媒体的传播力和影响力。

同时，石化报社运维的中国石化集团公司新媒体账号，覆盖微博微信抖音快手推特脸书等国内外主流社交媒体平台，以广大消费者和利益相关方为目标读者。中国石化集团公司新媒体账号与石化报社媒体形成差异，围绕中国石化上中下游以及科研等主营业务，向消费者发布实用科普、优惠信息、价值服务等，增强消费者、利益相关方对央企的认可度。

不同社交平台的定位不同，粉丝构成也不同，内容制作和发布方式也大相径庭。石化报社认真研究各个平台特点，对每个账号的粉丝人群进行画像，一号一策制定传播方案，增强传播的指向性和有效性。实践得出：报纸是严肃、深度、精细报道的重要平台，杂志是针对高端人群、专业、开阔眼界、启发思路的重要平台，电视新闻是石化内部视听新闻信息传播的重要平台，手机报是发布高端定制新闻产品的重要平台。微信公众号是发布品牌价值理念长文章的重要平台，微博是感知舆情、发布快讯、制作参与话题的重要平台，抖音快手是发布科普泛娱乐内容的重要平台，海外社交媒体是向世界讲好中国故事、展示中国石化品牌形象的重要平台，今日头条、学习强国等是发布与传统媒体相似稍严肃内容的重要平台，石化报社编辑记者按照媒体特点，将每日生产的优质内容分门别类，向相应平台供给。同时，针对重大主题，多平台联动，形成强大的聚合效应、破圈传播。

（三）持续创新，主力军挺进主战场

当前，5G、大数据、云计算、物联网、区块链、人工智能等技术迅猛发展，媒体格局和舆论生态加快重塑，已经由以前的"人找信息"，飞速发展到现在的"信息找人"的这样一个"求关注"时代。大力推进技术创新，赋能内容创作，顺应分众化、可视化、互动化网络传播趋势，让新闻宣传更富时代感和吸引力；大力推动方法创新，强化全媒体传播体系建设，用多样化、立体化传播手段，打造强势主流舆论；大力推动机制创新，积极构建与融媒体建设相适应的体制机制，不断释放新闻宣传工作的乘数效应，使石化新闻宣传更富生机、更具活力。

石化报社坚持主力军挺进网络特别是移动网络主战场，将采编力量向新媒体转移。积极将传统媒体的优势与短视频的传播结合起来，跳出传统媒体的思维定势和规定框架，切入当前Z世代语系中实现跃升发展，构建"大视听"格局，打造新的竞争力。

2023年，石化报社各类媒体发展成效显著。电视新闻不断拓宽传播渠道，入驻中国石化报官微、石化新闻App，在中国石化网络视频全年点击量8.3万。新媒体坚持"7×24小时在线"，中国石化微信、微博、今日头条等账号365天不断更，各账号指标均实现超计划运行，10个账号粉丝累计增加172万，传播力影响力持续提升。视频全网粉丝量突破400万，增长20%，制作短视频3500条，专题片20多部，直播51场，全网流量达5亿，抖音号在央企同类账号排名第二。海外社媒全年策划推出10万＋帖文250余篇，粉丝量566万，同比增长15%。"中国石化的'朋友圈'"等融媒作品，多次入选国资委国际传播优秀案例。

三、做深做好典型品牌

2012年初，为迎接、宣传、贯彻党的十八大，落实中央宣传部等5部委关于开展"走基层、转作风、改文风"活动的要求，提高媒体的传播力、影响力，报社2012年4月策划第一届"感动石化"人物宣传表彰活动，到2023年7月6日，"致敬40年·感动石化"颁奖典礼举办，10年举办了7届"感动石化"，"感动石化"也从典型人物宣传活动成长为在系统内外"叫得响、立得住、传得开"的典型党建品牌。

石化报社聚焦传承石油精神、弘扬石化传统，把先进性、代表性、时代性、真实性、共鸣性作为"立得住"的标准，把员工参与、企业推荐、总部指导、党组确定作为"信得过"的标尺，把立体融合传播、借助高端影响传播、借助主流媒体传播作为"传得开"的手段。2023年7月6日，报社成功举办了"致敬40年·感动石化"颁奖典礼，全网直播观看量近200万人，公众号推文全网点赞10万+，形成"破圈"传播。

Sinopec ✓
2分钟 · ⊙

Acupuncture, as a non-medication treatment for pain, is just hot in Algiers, the capital of
Algeria. Thanks to free clinics previously sponsored by Sinopec SIPC, acupuncture has been
accessible to more patients in the city.
The year marks the 60th anniversary of China-Algeria medical cooperation. SIPC will continue
fulfilling its social responsibility to promote the public health of local communities.
#CommunityforSharedFuture

Sinopec ✓
1分钟 · ⊙

The past decade is like a yardstick of time, measuring the changes and development of the
world.
The past decade is like a palette of colors, painting a wonderful world with Sinopec and the
Belt and Road. #MemoriesOnTheRoad
查看翻译

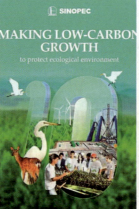

海外社交媒体10万+作品

在举办"感动石化"颁奖典礼过程中，石化报社实施项目制管理，成立"感动石化"项目组，报社主要领导任组长，一名分管领导任副组长，从各部门、各媒体抽调精兵强将，组成策划制作、宣传报道、综合保障三个工作小组，努力做到精心服务、协调顺畅、保障有力。采取挂图式作战，制订运行图，明确控制点，从策划到呈现，从台前到幕后，各司其职，分工负责。颁奖典礼后，报社内还开展"双学双提升"活动，即学感动人物，提升思想道德品质；学央视同行，提升新闻专业技能。

围绕"感动石化"这一品牌，石化报社做好全面立体的宣传报道，切实提升传播力。石化报社"报刊台网端微屏"围绕"感动石化"人物寻找、遴选、评选和揭晓各个阶段，开设栏目，与企业联动，为感动石化人物画像立传。每次颁奖典礼，组委会都会要求中国石化系统内各单位用好"感动石化"这一资源，通过二次传播、三次传播，提升知名度和影响力。同时，邀请在京主流媒体予以报道，人民网、新华网等24家媒体记者在现场见证感动石化人物揭晓，中国网、光明网同步直播，进一步在全社会树立中国石化"党和人民好企业"的形象。

"感动石化"经过十年的成长，已经成为中国石化发现典型、宣传典型的重要渠道，已经成为践行社会主义核心价值观、传承石油精神、弘扬石化传统的重要平台，已经成为鼓舞人心、凝聚力量、展示形象的重要窗口。央视"感动中国"推荐委员陆小华说："通过颁奖典礼，我看到了一个全新的中国石化，感受到了以前从未感受到的'石化感动'，我相信这些'感动者'的事迹、言行和感悟，足以感动石化系统以外的人。"央视著名主持人敬一丹在主持颁奖典礼的台前幕后，洋溢着对感动石化人物的敬佩，对中国石化的敬意，她说："我参加了7届感动石化颁奖典礼，体会是，中国石化藏龙卧虎，要挖掘并传播他们的故事，让社会上更多的人，更深入地了解中国石化。""感动中国"制片人朱波说："无论是像闵先生这样的大科学家，还是来自基层一线的普通职工，我从他们身上发现了国企独有的力量。我希望有更多的机会把这些人介绍给全社会，让全社会了解这些可爱可敬的石化人。"

　　石化报社紧密团结在以习近平同志为核心的党中央周围，把内增动力与外树形象联动起来，把网上传播与网下宣传融合起来，把"主旋律"变成"高频率""正能量"变成"大流量"，忠实践行"四力"要求，打造更多融媒新产品，提供更优融媒新服务，用"快、准、新，严、细、实"的工作作风，朝着"央企领先的中国石化融媒体中心"奋勇前进，努力在担当新的文化使命中走在前列。

以媒体之力推动行业高质量发展

中国文化传媒集团党委书记、董事长,《中国文化报》社社长
徐海军

············

当前,我们面临的是一个不断深化的移动互联网时代,数字技术的迭代升级让受众获取信息的方式发生巨大变革。作为媒体,我们对此有着充分的认识和积极的应对,在媒体融合方面已经迈出了步伐,但依然能感受到各方面带来的挑战。

作为文化和旅游部的重要舆论阵地,中国文化报自2009年整体转企改制,组建中国文化传媒集团,逐步发展成拥有《中国文化报》、文旅中国客户端、中国文化传媒网、中国手艺网、《艺术教育》《艺术市场》《文化月刊》及《时尚COSMO》《时尚先生》《时尚家居》《时尚旅游》《时尚健康》等一报一端两网八刊的媒体矩阵,涵盖报刊网端微全媒体资源。在新形势下,我们结合自身特点,在加强和改进新闻舆论工作方面进行了如下探索。

一、坚守舆论阵地,高质量宣传研究阐释习近平文化思想

自全国宣传思想文化工作会议召开以来,《中国文化报》根据党中央部署要求及文化和旅游部具体要求,把宣传研究阐释习近平文化思想作为长期重大政治任务,以

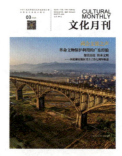

1	2	3	4
5	6	7	8

1.《艺术教育》封面

2.《艺术市场》封面

3.《文化月刊》封面

4.《时尚COSMO》封面

5.《时尚先生》封面

6.《时尚家居》封面

7.《时尚旅游》封面

8.《时尚健康》封面

《中国文化报》为主体，统筹所属报刊、网站、新媒体各平台优势，策划专题专栏，进行全方位多层次宣传研究阐释。如在报纸上开设的"深入学习贯彻习近平文化思想·理论阐释"专栏，约请专家学者就习近平文化思想作理论阐述，助力文化和旅游系统深学细研、吃透悟透、学以致用。

2024年两会期间，我们坚持习近平文化思想的大众化传播，开设"聚焦全国两会·深入学习贯彻习近平文化思想"专栏，约请代表委员、基层工作者多层次多角度撰写学习实践心得，进一步下沉理论传播重心，结合代表委员履职成果、工作实践，讲好背后的大逻辑、大情怀、大道理。

文旅中国客户端开设"思想之光照亮前行之路——深入学习贯彻习近平文化思想"专题。系列稿件还通过网站、客户端、微博、公众号等多种渠道传播，扩大整体宣传声量，提升社会影响力。截至目前，共刊发稿件247篇，阅读量2569万，曝光量1.2亿。

二、坚持内容为王，守正创新；服务行业，助力发展

尽管我们面临着复杂多变的外部环境，但高质量的内容始终是媒体制胜的不二法宝。特别是在重大主题报道中，坚持深入基层，让内容上接天线，下接地气，把正能量和大流量结合起来。

一是践行"四力"，增活力、强内力。

在2024年的"新春走基层"活动宣传和"欢欢喜喜过大年"系列报道中，记者深入偏远乡村，走到群众身边，用笔和镜头真实记录所见所闻。为顺利完成采访任务，有的记者在大寒节气冒雪赶到山东沂蒙老区，跟参与晚会的非遗传承人、导演、参演学生进行现场交流。晚上又赶赴临沂市部分县区，采访当地非遗工艺传承发展情况，一个人一个月内采写出10篇反映基层火热生产生活的稿件。正是这种扎实的工作作风，使"新春走基层"报道内容饱满、文字鲜活，接地气、有温度。

在由中宣部统一部署开展的"文化中国行"主题宣传中，我们第一时间派出骨干

1 2

1.《中国文化报》2024年2月6日推出的关于"欢欢喜喜过大年"
　主题宣传报道的整版策划

2.《中国文化报》2024年2月18日推出的关于"欢欢喜喜过大年"
　主题宣传报道的整版策划

3.《中国文化报》2024年2月21日刊发"新春走基层"整版报道

4.《中国文化报》2024年2月22日推出的关于"欢欢喜喜过大年"
　主题宣传报道的整版策划

记者深入江苏苏州、扬州、南通、无锡的古镇街区和工业遗产地，通过实地走访和记录，展现了当地传统与现代、人文与经济、古风与科技有机融合的生动景象，再现了四地在中华优秀传统文化创造性转化、创新性发展方面取得的丰硕成果，以及在文化遗产保护与活化利用方面的地方智慧。

二是以受众为中心，改进文风、优化呈现。

坚持以人民为中心贯穿于习近平新时代中国特色社会主义思想的各个方面，具有丰富而深刻的思想内涵。只有坚持以人民为中心的新闻工作导向，才能回答好"为了谁、依靠谁、我是谁"这一最朴实、最根本的问题。

改进文风，真正满足受众所需，是媒体与时俱进、常干常新的重要任务。转变新闻记者的文风不仅是语言问题，更是思想问题。我们不仅从新闻报道入手，从叙事风格到标题，进行全方位探索和突破，坚持"短、实、新"，反对"假、长、空"，新闻标题要起得清风拂面、平实生动，防止出现标题党、喊口号、低级红等倾向，稿件内容努力争取易读、悦读、耐读。

结合自身实际，《中国文化报》还不断优化提升报纸版面内容和编排设计。例如，对报纸报头比例和报眼《要闻简报》进行了优化调整，版面视觉呈现更为简约醒目美观，同时优化设计多种版面样式，逐步推进形成富有文化底蕴且简约典雅美观的版面风格。再如，着力发挥好报纸头版的窗口和吸睛作用，通过增强图片和标题的冲击力，较大程度上改变了此前较为呆板的形象，受到很多读者的积极评价。

三是立足行业，精耕细作，寻机遇、强品牌。

信息传播与共享、搭建交流平台、推动资源整合、塑造行业形象以及倡导行业自律与合作，这是媒体在促进行业发展的职责与担当。《中国文化报》始终立足行业发展，找准文化产业、文化事业领域可合作可拓展可连接的点与线，矢志不渝促进行业稳健发展。

如在云南昆明举办的第三届全民阅读大会论坛，中国文化传媒集团参与主办了分论坛"阅读与媒体"。论坛上，集团作为主办方，发布了"拥'报'成长——全国青少年读报学习系列活动"倡议书，共同倡议报业媒体深入学习宣传贯彻习近平文化思想，为青少年读者提供优质产品和服务，学校、家庭和社会要促进学生养成阅读报纸的良好习惯。《中国文化报》、文旅中国客户端等集团各媒体充分发挥自身特色优势，对此展开了浓墨重彩的报道。

再如"五一"前夕，根据文化和旅游部发布的"五一"假期出游提示，集团整合利用旗下各平台资源，立体式、多维度宣介文明旅游、出行安全。如《中国文化报》用AIGC技术生成安全出游动画，《时尚旅游》制作"长假预告·文明旅游"时尚风景短视频，中国文化传媒网采用虚拟数字人播报形式发布官方旅游安全提示，文旅中国客户端推出"安全出游快乐五一"动漫短视频……进一步提高了假期提示的可读性和易传播性，将"生硬"的安全提示语转化为生动活泼的动画片或时尚大片，有助于提升受众对"五一"出行提示的接受度与重视度，也从发挥媒体之力的角度促进形成"五一"假期旅游市场安全平稳的良好局面。

又如5·19中国旅游日，《中国文化报》积极筹办，提前制定宣传推广方案，从内容到服务再到推广，环环相扣全方位助力推进文化和旅游深度融合，满足人民群众幸福生活需要。

三、与时俱进，加快建立健全运行管理机制

未来，集团和报社将上下自我加压，努力在内容生产和体制机制上守正创新、不断优化，以更好承担起以优质内容引领新闻舆论的主流媒体责任。

一是探索建立"工作室"机制，打造品牌栏目。我们将积极响应中宣部提出的积极培育视频能手、写文章高手、网红工作室的要求，在保持报社原有组织架构不变、不增加机构设置和人员编制的前提下，鼓励跨部门组建团队，创设兴趣小组和融媒体工作室，打破部门之间的壁垒，不断加大优质内容的生产力度，带动整个报社的全面融合向纵深发展。以此为载体，打造品牌栏目，提升媒体品牌影响力，助力市场开拓，实现双效统一。目前，已初步形成文化圆桌工作室、文化+观察室、品鉴工作室

1

2 3

1. 时尚旅游关于"五一"假期文明旅
　游推出的《长假预告》视频截图
2.《中国文化报》关于"五一"假期文
　明旅游推出的AIGC视频截图
3. 文旅中国客户端关于"五一"假期
　安全提示推出的动漫视频截图

等10多个工作室，后续将逐步推动落实。

二是围绕重大战略部署，高质量做好重大主题报道工作。2024年是我们的"新闻报道质量提升年"，我们将举全媒体之力，力争在中宣部、中国记协以及文化和旅游部的要求和指导下，做好"深入学习贯彻习近平文化思想""加快形成新质生产力""文化中国行"等重大主题报道，牢牢把握正确政治方向、舆论导向、价值取向，有效引领社会舆论。

从各美其美、美人之美到美美与共
多措并举推进媒体融合

——《中国化工报》社有限公司推进媒体融合的探讨与实践

《中国化工报》社有限公司党委书记、董事长
崔学军
....

党的十八大以来，以习近平同志为核心的党中央把新闻舆论工作摆在治国理政的突出位置，举旗定向、谋篇布局，正本清源、守正创新，推动新时代新闻舆论工作取得历史性成就。习近平总书记指出：主流媒体要牢牢掌握舆论场主动权和主导权，就必须加快构建融为一体、合而为一的全媒体传播格局，通过流程优化、平台再造，建立适应全媒体时代的内容生产与传播整体架构，打造新型主流媒体，不断提升传播力、引导力、影响力、公信力。

作为石油和化工行业的主流媒体单位，《中国化工报》社有限公司（以下简称报社）坚持以习近平新时代中国特色社会主义思想为指引，全面贯彻党对新时期新闻舆论工作的重要要求，守正创新、融合突破，逐步探索出了一条"以塑造主流

舆论新格局为目标、以体制机制改革为牵引、以内容质量建设为根本、以先进技术为支撑、以现代企业制度为保障、以人才队伍为基础"的深度融合之路，形成了以报、刊、网、视、微、端、号等形态构成的融媒体发展格局。报社各业务板块在融合发展过程中，坚持党建引领全覆盖、聚焦主责主业、拥抱新技术、配套制度建设以及文化融合的多措并举之下，实现了从各美其美、美人之美到美美与共的重大蜕变。

一、党建统领是灵魂

习近平总书记在党的十九大报告中指出："实现伟大梦想，必须建设伟大工程。这个伟大工程就是我们党正在深入推进的新时代党的建设新的伟大工程。历史已经并将继续证明，没有中国共产党的领导，民族复兴必然是空想。我们党要始终成为时代先锋、民族脊梁，始终成为马克思主义执政党，自身必须始终过硬。"

党建工作是一项系统工程，政治建设、思想建设、组织建设、作风建设、纪律建设、制度建设都离不开党的领导。报社自身党建工作始终按照内化于心、外化于形、固化于制的要求不断向前推进。通过党建引领，进一步压紧压实党管媒体、党管意识形态责任制，以高质量党建护航报社转型升级。2023年，报社党委以学习贯彻习近平新时代中国特色社会主义思想主题教育为契机，以"真重视、真学习、真践行"为出发点和落脚点，每周定期举行理论学习中心组扩大学习会，带领全体员工坚持读原著学原文悟原理，不断提高全体职工特别是党员干部的理论水平和政治站位，把"两个确立"真正转化为坚决做到"两个维护"的思想自觉、政治自觉、行动自觉，转化为履职尽责、干事创业的实际行动。

报社党委坚持党管媒体，加强党对意识形态工作的领导，明确党委书记为意识形态工作的第一责任人，建章立制，压紧压实党管意识形态主体责任。2023年，报社党委组织了12次《马克思主义新闻观》学习，将意识形态工作纳入重要议事日程，推动意识形态工作常抓不懈。

向社会讲好化工故事

报社的党建工作围绕两条主线开展，以期达到统一思想、指导行动、创造良好业绩的目的。一是党的建设关键是做好人的工作。党建工作必须心怀国之大者，做到"有表情、有感情、有豪情"。特别是在关键时刻要发挥党支部的特别作用，党员干部要勇于承担责任，上下同欲，同舟共济面向未来。二是要心怀伟大事业，着力解决报社高质量发展的"根本性、全局性、长远性"问题。

几年来，报社的党建工作始终注重强功能、抓基础、补短板、重创新，不断提升支部党建工作标准化、规范化水平，取得了积极成效。针对工作中的不足，报社也有一些新的制度安排。比如对在职党支部进行了重新划分，打破了以往一个业务板块就是一个党支部的格局，采用小部门大融合的组合方式重新组织党支部，其目的就是使报社的融合发展不仅仅是不同业务板块的交流融合，更是思想、观念、文化的融合统一。

二、聚焦主责主业是根基

党的十九届四中全会通过的《中共中央关于坚持和完善中国特色社会主义制度 推进国家治理体系和治理能力现代化若干重大问题的决定》指出：要建立以内容建设为根本、先进技术为支撑、创新管理为保障的全媒体传播体系。这一重大决定成为报社加强自身能力建设的根本遵循，必须深刻理解，努力践行。不论报社体制机制如何变化，报社的行业媒体属性都不可动摇。坚持守好、发展好行业新闻舆论工作主战场、主阵地，聚焦"宣传报道行业讲好化工故事"的主责主业，这在全社上下具有深厚基础和广泛共识。

报社锲而不舍加强内容建设，坚定不移融入党和国家工作大局、行业中心工作和企业核心业务，在石油和化工行业经济工作主战场作战，把"行业媒体要立足行业、服务行业，提供专业化的行业资讯和信息服务"的职责使命落实到位。2023年，报社圆满完成了学习宣传贯彻党的二十大精神、学习贯彻习近平新时代中国特色社会主义思想主题教育、新春走基层、全国"两会"、石化化工行业稳增长、农资保供稳价、"一带一路"这十年、黄河流域能源化工产业高质量发展调研、石化基地可持续发展调研、现代农业典型样本大走访等一系列重大主题活动的报道。

每周三下午固定为党委理论学习中心组扩大学习会议

特色产业调研，为行业发展提供智力支持

高质量内容建设、优秀人才培养是根本

报社记者用脚步丈量行业发展脉络，用笔端记录一线活力，取得了不错的成果。《两会说"数"》获评第31届中国人大新闻奖三等奖，《唤醒扎布耶茶卡——西藏首个现代化新能源材料项目建设纪实》被《人民日报》新媒体全文转载，《为非洲种下这棵"独苗"——中国南非首签钛白粉EPC项目》是本报记者对"一带一路"国际合作报道中组织的一篇深度报道，被海外媒体广泛传播。《长江经济带化工产业发展调研报告（2021年）》荣获石油和化工行业优秀图书奖。

在融媒体传播平台建设方面，报社从软件更新、人才引进、运营奖励及共建机制等四个方面入手，持续加大对智能化传播平台"化工号"支持力度。2023年"化工号"日访问量保持百万+量级，年度总访问量超过4亿+，作品最高阅读量近60万。报社旗下微信、头条号、视频号等新媒体平台，超过300篇文章阅读量过万，重大活动视频直播单次实现300万+收看量。

三、拥抱新技术是引擎

2023年，面对激烈的媒体市场竞争和技术升级带来的挑战，报社审时度势，在"主战场、制高点、讲故事、生态圈"十二字工作方针基础上，提出"建设产业生态圈、升级战略合作服务"的新愿景，启动报社战略和服务模式升级计划，力争在资政、咨询、产品三大服务赋能产业和企业上取得突破。

在资政服务方面，报社继续在行业新型高端智库建设上发力，聚焦行业高质量发展的关键环节和难点痛点，积极开展重大产业课题调研工作，切实为政府部门和行业科学决策提供智囊服务。例如，在能源化工领域，报社于2020年创立"中国能源·化工30人论坛"高端智库平台。五年来，在此高端智库平台基础上，报社先后推出"产学研大会""科学的春天""长江论坛""齐鲁大会""科创大会"系列高端智库活动，按照"1+N+X"规划，不断向细分化、差异化、矩阵化、区域化运营的方向迈进。

在产业咨询服务方面，报社以高端智库、细分产业研究、媒体平台大数据分析为核心内容支撑，围绕产业生态圈建设，探索具有媒体特点的产业咨询新路子。这些年

坚持贯彻"主战场、制高点、讲故事、生态圈"十二字工作方针

报社先后在肥料、农药、煤化工、染料、炼化一体化、安全管理、化工园区等领域开展调研，先后向相关企业提供前沿技术与市场的咨询服务，为行业企业及工业园区的高质量发展赋能。

在产品服务方面，报社根据企业和行业需求，持续研发和创新有针对性、技术含量高、体验效果好的专业性产品。报社在《中国化工报》《农资导报》和《中国石油和化工》杂志两报一刊基础上，围绕"互联网+""融媒体+"，开发了"化工号""CHSE365""农看看"等专业互联网服务产品，为行业提供品牌塑造、传播优势、安全培训以及农业技术学习等增值服务，助力行业企业更快更好发展。

为适应三大服务运营需要，2023年报社尝试创立"石油和化工大数据中心"平台，为石油和化工行业企业提供数据分析、产业咨询、舆情管理、品牌价值、市场研判等专业服务，赋能行业企业智慧决策、风险规避和健康可持续发展。借助大数据监测与分析手段，2024年1月报社正式对外发布了《2023年度石油和化工行业舆情报告》，行业反响强烈。业内普遍认为，舆情报告监控精准、分析透彻、应对到位，可以作为全行业2024年舆情管理工作指南。

四、配套制度安排是保证

报社在改革发展过程中，新业态、新业务不断拓展，新问题也不可避免地伴随而来。如何确保报社发展方向不偏、运营合规、员工积极性不减，配套制度建设成为关键。为此，报社发挥党委、董事会、编委会和经理层的三级治理优势，坚持遵规守纪、依法合规，在坚守风险底线、提升采编质量、筑牢合规经营等方面下足制度建设和管理的真功夫，为报社平稳运行提供了有力保证。

在坚决守住风险底线方面，报社强调坚持纪律底线，持续推进依法合规治社。报社全体员工，特别是各级领导干部，牢固树立依法合规的法律意识、责任意识，坚决同违规违纪问题做斗争。报社持续不断建立和完善各项内控管理制度，涉及"三重一大"的事项，均先提交党委会前置研究讨论，再经董事会通过后转经理层落实。

在新闻出版业务方面，报社编委会通过制定和落实年度重点报道选题计划，积极组织应对重大突发新闻的报道工作，对报社的新闻舆论阵地建设发挥了强有力的领导作用。同时报社根据自身行业媒体单位的采编工作特点，制定并执行出版质量考评制度，做好"三审三校"检查和内容质量考评工作，严格稿件奖励与惩罚制度，牢牢守住意识形态防线和质量底线。

在经营管理制度方面，坚决堵死风险后墙，杜绝寅吃卯粮。报社从运营管理层入手，狠抓经营合同、广告业务、会议活动等合规管理。经理团队做好各部门收支预算考核与管理，对重大项目把好合同关、收支关、效益关、分配关，做到合同干净、收支合理、利润最大、按劳分配。

另一方面，为更好地整合报社资源，推进各业务平台一体化运作和深度融合，激发全体员工的积极性和创造性，服务于行业和企业的高质量发展，报社持续推进项目管理制度。报社全体员工公平竞争，报社层面打通各业务板块之间的障碍，协调配置最优资源，确保项目高效、高质量地完成。在取得社会效益和经济效益双丰收的同时，一大批年轻员工快速成长，主动性、创造性显著提升，创新意识、竞争意识大大增强，业务能力、管理能力、融合能力快速提升，报社的人才队伍不断壮大。

五、文化融合是加速器

报社坚持用先进文化凝心铸魂，在苦干实干、创新融合中总结了一系列适合报社自身发展的媒体文化。比如"命运共同体文化""照顾好每一个人文化""一级带着一级干文化""相互拜师文化"等。每一种文化的提出，都是在奋斗中所孕育、在创新中孵化、在成长中沁入人心，成为报社深度融合发展的加速器。

在报社改革的不断深入推进中，坚持员工优先，秉持实事求是原则，围绕员工的合法权益，想办法、出思路、定政策，让合理的制度、政策和情感去守护员工选择报社的初心，推动员工牢固树立与报社是命运共同体的意识。2021年报社启动最近一轮综合改革。这一轮改革，因报社由事业单位转为企业，涉及体制、机制、薪酬、管理

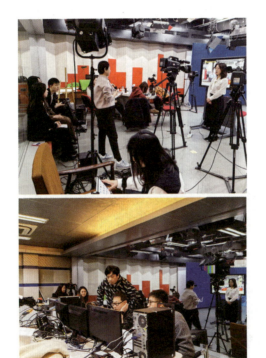

项目制度激发员工积极性、主动性、创造性

等诸多重大变革，应该是报社历史上最为艰巨也最为复杂的一次改革。为此，报社领导班子分头广泛听取员工意见和建议，党委多次召开会议专题研究、论证改革方案。由于党委正确决策和坚强领导，全社员工积极努力，改革方案最大程度地契合了报社的发展目标和员工的切身利益，最终获职代会高票通过。这是"命运共同体文化"和"照顾好每一个人文化"的最好实践。

如果不抓落实、没有为之奋斗，再好的制度设计和美好规划，那也是一场空想。在报社党委坚强领导下，全社上下发扬"一级带着一级干，上级做给下级看，党员做给群众看"的工作作风和良好文化，恪尽职守，用责任担当开创报社事业发展新局面，用实干担当共同创造美好生活。每年年初报社领导班子都会就全年战略性任务作出分工，主动承包责任田、建立任务台账，然后带领干部职工将一件件具体任务销号。同时，党委还号召广大党员干部以身作则，"要求别人做到的，自己首先做到"，让每一名党员干部都成为报社高质量发展的一面旗帜。

2023年，在坚持党管干部、党管人才的原则下，报社人才选拔机制、人才评价体系、人才培养模式、人才激励政策得到进一步完善。报社根据发展实际提出了"相互拜师文化"。一方面按照"师带徒"制度，签订师带徒协议，本着"扶上马，送一程"的原则，让经验丰富的老同志带着年轻员工尽快成长；另一方面，组织报社资深记者、编辑和经营骨干走上讲台为全体员工授课，介绍基本技能和工作经验。"相互拜师"不仅要求年轻人向老同志学习，更要求老同志也不能躺在功劳簿上，要虚心向年轻人学习新事物、新技术、新方法。通过相互学习、学用相长，实现了共同成长的育人目标。

此外，报社工会、共青团、女工组织在党建引领下，还打造了健康文化、荣休文化、团队文化等新的文化，形成了多种文化载体共进共荣的新局面。在报社业务融合发展过程中，各业务板块上下同心、破壁融圈，坚持业务发展多元化、支撑服务一体化、做大"蛋糕"分享"蛋糕"，逐步实现了由各美其美、美人之美向多元融合、美美与共的企业文化形态。

海关传媒"三个维度"深化融合发展

中国海关传媒中心党委委员、总编辑
孙霞云

习近平总书记强调，推动媒体融合向纵深发展，做大做强主流舆论，巩固全党全国人民团结奋斗的共同思想基础。伴随着新一轮科技革命的深入发展，人工智能、大数据等技术与传媒不断融合，舆论生态发生深刻变革，同时海关改革也处于关键时期，海关新闻舆论工作机遇与挑战共存，改革与发展并重。

中国海关传媒中心作为党在海关系统的新闻舆论阵地，深入学习贯彻习近平文化思想，紧扣媒体转型发展、管理体制机制创新等工作重点，主动顺应形势发展、行业媒体变化以及海关系统改革，推进内容和技术之间的相互驱动以及高度融合，优化内容结构、提高报道可读性，在新时代讲好海关故事、唱响海关声音，有效传播主流价值观，服务于国家战略，更好地践行人民海关为人民。

一、充分用好技术进步红利，从相"加"迈向相"融"

对于媒体融合发展，习近平总书记指出"关键在于融为一体、合而为一"。2020年9月，中共中央办公厅、国务院办公厅印发了《关于加快推进媒体深度融合发展的意见》（以下简称《意见》）。《意见》指出，"要以先进技术引领驱动融合发展，用好5G、大数据、云计算、物联网、区块链、人工智能等信息技术革命成果，加强新技术在新闻传播领域的前瞻性研究和应用，推动关键核心技术自主创新"。《中华人民共和国国民经济和社会发展第十四个五年规划和2035年远景目标纲要》对数字社会、数字政府建设以及文化强国建设作出部署，并设置相应专栏提出要加强全媒体传播和数字文化建设。

推动传统媒体和新兴媒体融合发展，是党中央着眼巩固宣传思想文化阵地、壮大主流思想舆论作出的重大战略部署。近年来，中国海关传媒中心认真贯彻落实党中央精神，按照海关总署党委部署，运营微博、微信、头条号、抖音号、学习强国号，积极打造"互联网＋"全媒体系统，着力构建报纸、杂志、微博、微信、客户端为一体的全媒体产品生产格局。通过打造全媒体平台，深化报纸、杂志及各媒体微博、微信、客户端产品的内容协调和互补互动，巩固扩大粉丝量，拓展"微时代"，探索"智媒体"，尽快从相"加"阶段迈向相"融"阶段。

按照"两品牌（海关发布和中国海关强国号）、N个新媒体矩阵"思路，移动优先、视频优先、故事优先，建立功能定位、用户定位清晰的"互联网+政务+服务"运营模式。其中，对中国海关传媒中心所属"一报四刊"（《中国国门时报》和《中国海关》《金钥匙》《中国口岸科学技术》《海关总署文告》杂志）新媒体进行整合：集中力量打造发布次数权限最多的《中国国门时报》微信公众号，成为海关传媒线上活动运营的主要阵地之一；停运《中国海关》微信公众号，《海关总署文告》整合更名为"中国海关传媒"微信公众号；《中国口岸科学技术》和《金钥匙》微信公众号按照不同定位独立运营。截至目前，"海关发布"、中国海关强国号等15个运营平台成绩显著，2023年共发稿17994篇（条），用户数为442.5万，总阅读量超10亿，总点赞500余万。其中，单篇阅读量百万以上文章38篇，阅读量十万以上文章223篇。

一是坚持选题策划，紧贴需求提供"菜单服务"，形成传播合力。中国海关强国号将正能量变成"大流量"，2023年共121篇稿件被学习强国首页推荐。坚持第

全国海关学习贯彻习近平新时代中国特色社会主义思想主题教育综述被学习强国平台首页和主题教育专栏首页推荐，阅读量590余万、点赞量超30万

一时间发布海关系统对党中央决策部署的响应，全国海关学习贯彻习近平总书记重要讲话和重要指示批示精神的反响文章，屡获"学习强国"平台首页推荐，其中《学思践悟强党性——全国海关学习贯彻主题教育深入推进》阅读量达588万；以共建"一带一路"倡议提出10周年为背景，结合第三届"一带一路"国际合作高峰论坛，策划《一带一路·辉煌10年》系列宣传报道，开设《关影》《见证》《最美共建者》专栏；《薪火相传"海关情"》获学习强国平台"我家的'人世间'故事"主题征文一等奖。"海关发布"突出网络媒体风格，注重标题的简明扼要和生动形象，如《查获百宝箱》《都是洋垃圾》《姐姐的腰不是腰》，报道海关查获象牙等濒危物种及其制品、洋废旧电子设备、旅客身藏旧手机案等，公众号在国务院部委微信榜单统计中名列前茅，2023年共发布文章1843篇，总阅读量2946万，总用户数98.6万。

二是突显海关特色，唱响海关声音。中国海关强国号与学习强国平台联合推出首页大型专题"中国海关之声"，通过图文并茂的文章、生动活泼的视频，让公众了解实用通关常识、选购进口商品注意事项，以及海关日常监管工作、关税征收、出入境卫生检疫和进出境动植物及其产品检验检疫、进出口商品法定检验、知识产权海关保护、打击走私等相关知识和故事。其中，《"我是海关人"》栏目多篇稿件获学习强国平台推荐；《海关带你"开盲盒"》栏目，采用短视频形式，通过海关关员工作记录仪或摄像镜头，全面直观地向公众展现海关工作现场，有力传播了海关守护国门生物安全，将外来物种入侵阻挡在国门之外的守护者形象。

三是海关行业特色融合报道多次被主流媒体转载，深受公众喜爱。《查获人身绑藏牛肚入境》被点时新闻微博等多家媒体转载，相关话题阅读量4.2亿。"三八"国际妇女节作品《海关"她"力量》深受欢迎，《这模特不简单》引发热议。话题"海关查获人体模型内藏活体植物根茎""女子双腿绑14瓶茅台入境"阅读量分别为1.1亿、2.8亿。《惊掉下巴！双腿灌茅台》报道被西部决策等多家媒体转载。"海关发布"获得抖音颁发的"播放过亿"奖和百度颁发的"2022年最具影响力政务新媒体"。

1
—
2

1. 黄埔海关所属新沙海关关员对一票进口小麦进行取样送检
2. 微信报道《姐姐的腰不是腰》，海关查获的旧手机

经过"融媒"再到"全媒""智媒"的发展和演变，海关传媒充分用好技术进步红利，树立起用户理念，注重"对象感"，强调个性化、专业化的服务，聚合效应和融媒优势日益明显，在日积月累中持续赢得"用户"。

二、重构编审发流程，实现全员融合办报

习近平总书记指出："对新闻媒体来说，内容创新、形式创新、手段创新都重要，但内容创新是根本的。"内容生产是媒体的看家本领，无论媒体形态怎么变革、传播方式怎么变化，都要巩固和提升内容生产这一核心竞争力。

智媒时代，海关传媒的传播力建设不仅体现在信息对受众的抵达上，体现在对技术和渠道的充分运用上，更重要的在于通过高质量的内容生产，以事实打动人、以道理说服人、以情感感动人，最终实现受众对海关工作的深度理解和高度认同。2023年，中国海关传媒中心在传统媒体与新媒体深度融合的基础上，依托党委领导下的编委会负责制，统筹调配采编力量，实现全员办报。即将《中国国门时报》8个专题版面全部交至《中国海关》《金钥匙》《中国口岸科学技术》《海关总署文告》等杂志编辑部策划、编审校，充分发挥杂志专精、报纸面广的特点，重构编审发流程，提升报纸专业性、权威性和可读性，以更加权威、更有特色的新闻信息服务读者。

该媒体融合改革涉及中国海关传媒中心业务格局大调整，本着先易后难、试点先行、稳妥推进的原则，中国海关传媒中心加强统筹协调，破除原办报办刊模式存在的体制机制弊端，充分发挥各编辑部优势，明确相关工作职责。一是报刊内容生产由编委会负责，建立完善统一规范的选题、编审、审读等制度。二是学习借鉴中央媒体机构设置和采编流程，各编辑部按各刊工作方向和特点，承担相应专题和版面。三是各编辑部人员按照工作需要统一调配使用。四是改革采编发流程，使之与改革相适应。总的来说，就是编委会建立定期研究和选题策划制度，各编辑部根据编委会确定的选题计划，加强研究，结合承担的版面和栏目，提高内容建设水平，在办好相应报刊版面、栏目的同时，保障刊物出版水平的不断提高。采访部根据编委会确定的选题

计划，制定采访计划，做好海关特色内容采写。新媒体部根据选题计划，发挥传播优势，丰富传播形式。各部门采编人员视工作需要，统一安排调配，如遇重要宣传任务和重大选题，建立工作专班，抽调人员集中工作。

秉持这一融合改革思路，《中国国门时报》编辑部承担编委会综合和编务等工作，包括制定采编计划、选题计划等工作。承担一版（要闻版）、二版（综合新闻版）和"理论与实践""人物"专题版的编辑工作；承担国门时报各版面的审读和照排，以及广告版的统一协调安排等工作。4个杂志编辑部分别承担《中国国门时报》"口岸防线""口岸监管""营商环境""专题报道""和谐口岸""科技前沿""法治纵横"等专题版面的编辑工作。

体现服务国家战略，体现服务人民群众和企业，体现宣传海关正面形象，体现面向国际，在全员办报媒体融合改革中，海关传媒聚焦海关贯彻落实党中央重大决策部署和国家战略，聚焦海关改革贯彻国家战略与海关基层一线工作的典型事迹，聚焦海关新政、海关日常业务及答疑，面向企业精确、客观、深度地开展政策解读，聚焦中国海关的理念、举措和改革的最佳实践的国际传播，重构内容生产力，不断提高内容生产的质量和效率。

自2023年6月改革落地以来，报纸、杂志编辑部发挥自身优势，不断增强策划力度，在稿件选题、政策解读、新闻图片、图表可视化制作等方面实现联动，集中围绕智慧海关建设和"智关强国"行动，治理海关监管面临的"滞、瞒、逃、骗、害"全要素风险的针对性措施及其成效，优化营商环境16条、促进综保区高质量发展23条、促进跨境贸易便利化专项行动、自贸区建设十周年、新丝路上的海关人等工作和典型进行专题宣传，共编辑出版280余个专题版面。实现了一个选题多角度开发，一篇稿件多风格转化，互相补充，有力配合，形成资源高效流动，人才一岗多能，促进媒体深度融合。与此同时，重点报道新媒体的二维码随附于报纸报道，加强互动，改变传统媒体与新媒体"两张皮"现象，取得立体传播效果。

三、树立大宣传理念，提升大宣传工作水平

习近平总书记指出："要树立大宣传的工作理念，动员各条战线各个部门一起来做，把宣传思想工作同各个领域的行政管理、行业管理、社会管理更加紧密地结合起来。"这是新形势下做好宣传思想工作的重大战略思路，为统筹宣传思想工作与其他各项工作提供了根本遵循。

大宣传是对宣传思想工作的视野、思路、内容、手段、载体、机制、格局以及主客体等提出的全方位的新要求。随着传播技术日新月异，媒体融合从简单的"相加"向深度"相融"加速快跑，进入全面新阶段。深度推进媒体融合，建立健全大宣传工作体制机制，既是现实紧迫要求，又是长期艰巨任务。中国海关传媒中心着力构建大宣传格局，在实现传统媒体和新媒体融合发展、全员办报的基础上，推动媒体融合向更深的层次、更高的水平、更好的效果发展。

奏响传播"交响乐"。海关传媒着眼高点站位、响亮发声，调动各方力量、运用各种资源，上下互通、横向联合、齐抓共管，实现工作共融、资源共享、发展共赢，奏响海关传媒融合发展"交响乐"。在上下一体、协同高效上下功夫。对内紧跟海关总署党委决策部署，密切联系全国各级海关尤其是口岸基层一线，传播海关声音、讲好海关故事，始终与推进中国特色社会主义现代化海关建设同频共振；对外常态化联系企业、行业中介组织等，不断提升海关新闻宣传针对性、精准度，有力有效回应人民群众关切，赢得人民群众对海关工作的了解和支持。坚持用好社会平台，做大自主平台。深挖分众传播能力，例如，海关新政策推出时，针对企业关注对其生产经营带来影响的解读，报关员需要实际操作流程的指导，普通群众关心自己生活会有哪些变化，加强"量体裁衣"的及时有效的精准传播，多角度、多渠道讲述海关故事，满足不同受众的个性化需求，让主流海关声音突破区域、行业圈层，传得更远、听得更清。

构建大宣传队伍。人才是第一资源，构建大宣传格局、深化融合发展的根本在于

人。一是不断提升传媒中心领导干部政治理论素养。把理论学习作为首要任务贯穿始终，坚持干什么就重点学什么、缺什么就重点补什么，特别是以学习贯彻习近平新时代中国特色社会主义思想主题教育为契机，认真研读中央规定的8种学习材料，重点学习习近平总书记关于海关工作的重要指示批示精神、关于新闻舆论和宣传思想工作的重要论述，跟进学习习近平总书记最新重要讲话和文章，在日常工作中做到"处处是课堂、时时受教育"。二是多举措提升采编人员综合素养。深入开展马克思主义新闻观教育，加强采编人员新闻业务和海关业务的学习，在理论上、笔头上、口才上或其他专长上有"几把刷子"，敏感于海关履职的政治意义和社会意义，捕捉社会、企业和群众关注的热点和焦点，引导舆论、服务发展。三是积极引导各级海关强化新闻宣传意识。通过在海关系统加强记者站建设和壮大通信员队伍，积极引导各级海关强化新闻宣传意识，提高宣传水平，充分展示海关形象。四是探索建立广泛的联络员机制。尝试在进出口企业、口岸单位、地方政府发展新闻宣传联络员、通讯员队伍，调动各方积极参与海关新闻宣传工作大格局，努力做到基于进出口企业和地方政府、相关部门的视角，基于当事人的感受，体现全国海关不断满足人民群众更新更高需求的不懈努力。

努力形成大宣传效果。党的群众路线是新闻宣传工作的生命线，要从群众中来、到群众中去，海关传媒坚持问题导向，大兴调查研究，不断加强舆论引导力、内容供给力的改革创新。一是聚焦中央重大部署和海关总署重点工作。紧密结合学习贯彻习近平新时代中国特色社会主义思想主题教育，围绕和海关重点工作特别是智慧海关建设和"智关强国"行动，从形势与任务、意义与目标、路径与模式、实践与成效，多角度生动报道全国海关解放思想、汇集智慧，大胆创新、以时不我待的紧迫感推进智慧海关建设、开展"智关强国"行动的积极探索；展示全国海关实施守护国门安全、服务高水平开放、促进高质量发展、服务大国外交、海关现代化等行动，以智慧海关服务强国建设的工作成效。同时加大解读报道，特别是对新出台政策、新进行改革的理解适用进行解释报道，助推总署决策部署在全国海关落地见效。二是围绕群众和企业需求。策、采、编、发调查报道，通过采编工作倾听社情民意，了解群众和企业对海关工作的实际需求，为海关工作作出科学决策提供更多有益参考。三是关注基层一线。深入开展"走转改"活动，深入口岸和基层海关，与一线关警员面对面交流，实事求是反映基层海关工作情况，及时反映关警员履职过程中遇到的困难问题和意见建议，问计于一线，问计于实践。四是加强与社会、公众的对话。邀请外部智囊参与调查研究，实现内外视角的打开、专业化和社会化知识的衔接，充分释放海关传媒新闻宣传价值。

海关传媒将在习近平新时代中国特色社会主义思想指引下，把握正确政治方向、舆论导向和价值取向，适应新时代信息传播的特点和需求，进一步加快融合发展，积极宣传党和国家大政方针，宣传海关政策、工作成效和先进事迹，更有效地向社会传递海关声音，为海关事业发展营造良好舆论氛围，为强国建设、民族复兴作出应有贡献。

03 | 技术应用篇

数智驱动创新　构建法治媒体融合新平台

——天平阳光一体化移动平台的建设发展与探索

....

人民法院新闻传媒总社党委副书记、总编辑

张守增

....

　　自2013年8月19日习近平总书记作出"加快传统媒体和新兴媒体融合发展"重要指示至今，十年间，媒体融合从"相加"到"相融"再到"深融"，主流媒体转型发展风起云涌。"十四五"时期，以习近平同志为核心的党中央深刻把握时代发展大势和信息化趋势，作出了"推进媒体深度融合，实施全媒体传播工程"的重大决策部署。目前，我国媒体融合顶层设计聚焦体系化、系统化建设方向，全媒体传播体系建设成为媒体融合发展的内生动力。

　　这十年，人民法院新闻传媒总社（以下简称传媒总社）贯彻落实中央和最高人民法院党组部署，结合自身特色，大力开展内容建设，积极探索先进技术、稳步建强自有平台，在媒体深度融合与全媒体传播体系建设的实践逻辑中，摸索出一条行之有效的融媒之道，逐步形成涵盖报、刊、网、影、微、端、屏等10多种载体的立体化传播矩阵。

打造自主可控、传播力强的新型传播平台是推进媒体融合、建设全媒体体系的必由之路，坚持移动优先策略、建设好自己的移动传播平台是建设新型传播平台的必然选择。2019年，传媒总社积极落实习近平总书记关于"建设好自己的移动传播平台"的重要指示要求，自主研发、建设了中国法院移动门户——天平阳光一体化移动平台。平台通过"新闻+政务服务商务+垂直社交"模式，以法治新闻为吸引点、诉讼服务为支撑点、法律共同体构建为立足点，成为人民法院新闻宣传主阵地、全国法院诉讼服务集合地、法院干警线上学习新园地。短短几年间，平台通过不断迭代升级，成为法治类媒体的探路先锋，入选国家新闻出版署"2021年中国报业深度融合发展创新案例"。中国新闻出版广电报以《上线两年，这个法治类App是如何"杀出重围"的？》为题，对平台的工作经验作了深度报道。

依托天平阳光一体化移动平台，传媒总社将扩大优质内容供给、创新内容呈现传播方式、打造重点领域内容精品作为内容建设核心，将加强前沿技术探索应用、促进成熟技术应用推广作为技术支持的核心，在推动信息内容、技术应用、平台终端、管理手段等方面持续发力，促进共融互通，打造具有强大影响力、竞争力的新型主流媒体。

一、把握数字化发展方向，构建全媒体服务平台

平台建设是主流媒体融入智能生态与社会治理体系的重要渠道，能够充分激活媒体自身的链接属性。着力推动平台建设，推进内容聚合、数据聚合、智能服务，是发展的重点。

媒体融合，技术先行。习近平总书记指出，推动媒体融合发展，要坚持一体化发展方向，通过流程优化、平台再造，实现各种媒介资源、生产要素有效整合，实现信息内容、技术应用、平台终端、管理手段共融互通。天平阳光一体化移动平台重视新技术、新装备、新理念在媒体深度融合发展中的运用。通过"算法+数据+智能推荐"三大要素构建平台核心竞争力，实现传统媒体与新兴媒体业务的平台化集成。通过内

容创作数字化、媒体服务数字化、媒体平台数字化，围绕"新闻性+服务性+知识性+社交性"，构建全媒体服务平台，助力报业数字化转型走进"下半场"。

一是通过内容创作数字化，服务法院新闻宣传阵地建设。习近平总书记指出："内容永远是根本，融合发展必须坚持内容为王，以内容优势赢得发展优势。"内容建设是构建全媒体传播体系的根本，内容的创新发展关乎媒体发展的潜力和活力。传统的优质内容是主流媒体的核心优势之一，面对媒体资源稀缺性减弱带来的用户衰退，要用好全媒体平台，探索打破平台封闭性困境，扩大传播力与影响力。传媒总社坚持开门办报、办网、办端、办号，走好全媒体时代群众路线，深耕内容分发与平台合作，打造产品转化、推送、传播链条，构建融合开放的生产传播生态。

天平阳光一体化移动平台深入贯彻文化数字化和数字产业化的发展战略，与最高人民法院机关报《人民法院报》和全国法院政务网站群实现从内容到渠道的深度融合。通过"新闻版块"建立大型数据库和知识库，覆盖传媒总社旗下报纸、杂志、网站、新媒体等平台资讯及各主流媒体时政法治资讯。与全国80多家中央、政法和省级新闻媒体实现供稿合作，全国四级法院依托"天平号"自媒体实时发布重要法治新闻，在第一时间向用户提供全面、及时、权威的法治新闻信息，是天平阳光一体化移动平台的核心功能之一。

使用AI推荐模型设计。通过PUGC模式，平台每天产生上万条新闻稿件，同时大数据资料库涵盖国内外法律法规194万余条，各类裁判信息1.4亿条。在庞大的数据库中，平台通过AI技术对"新闻+大数据"进行语料训练，在海量信息中帮助用户精选内容，对不同群体进行差异化传播，做到了为新闻匹配法律支撑，为法律提供新闻支持。

采用NLP自然语言分析技术。与人民法院出版社法信平台合作，引入NLP自然语言分析技术，对新闻资讯文本进行预处理，提取文章稿件中的法律要素，将新闻模型与法律文档模型进行交叉匹配，建立法律新闻系统的专用模型，实现类案匹配、相关推荐、法律问答等扩展服务。

1	1. 天平阳光一体化移动平台展示图
2	2. 天平阳光新闻板块

利用个性化新闻推荐算法。以人工智能为基础、用户需求为导向，将用户喜好作为个性化依据，从信息库中匹配用户喜好内容，实现新闻推送千人千面，使"受众本位"在传播过程中得以回归。

二是通过媒体服务数字化，助力智慧法院转型升级建设。"平台化"思维在互联网时代尤其是移动互联网时代已全面渗透到公共管理社会服务中，网络空间平台的构建受全球化数字潮流影响，逐渐转变为具备智能、创新、互惠、服务等网络大格局。一站式公共服务平台和全周期综合服务，是平台建设的发展方向。

媒体服务数字化是平台用户不断增加的需要，天平阳光一体化移动平台"服务版块"依托大数据、云计算等数字技术整合人民法院现有数据资源，采用智慧化手段为用户提供更便捷、更高效的司法服务。

利用集成技术实现跨系统对接。平台以服务人民法院审判体系和审判能力现代化为目标，集成人民法院自有数据资源和服务平台，接入最高人民法院四大司法公开平台，以及法律法规查询、法院公告发布、执行监督举报、网络拍卖公告等10余项服务功能，设置诉讼指南、文书模板、版权保护等12个服务项目。其中，"人民法院在线服务"帮助用户一键直达自己所在省份的分平台参与诉讼服务，有效助力诉讼全流程一站式线上办理。上线以来，天平阳光"服务版块"始终围绕公众需求进行更新迭代，确保有的放矢、发挥实效，实现最大程度便企利民，保障服务实用性。

基于大数据技术拓展内容运营分析。平台结合法院审判业务和法官队伍建设实际，探索"互联网+学习""互联网+党建"模式，设计开发"天平学院"和"天平党建"，服务法治人才素能建设。两大板块以大数据为基础，运用Flink、Cloud BigQuery等核心技术，构建综合运营分析平台。实现双平台一体化流量分析、内容分析、用户分析、热度分析，自动生成天平学院、天平党建主题报告。助力用户学习培训从"线下"到"线上"、从信息化向智慧化的转换，为加强政法队伍能力建设、提升法律人群职业素养提供强有力的智力支撑。

三是通过媒体平台数字化，服务"法律圈"垂直社交平台建设。垂直化和精准化是目前媒体生态的重要特征，也是数字化平台的发展方向。天平阳光一体化移动平台"垂直社交板块"为用户提供法律交流和讨论的功能，通过"法律圈"构建紧密社群关系。内设辩题讨论、法律知识PK大厅，两者基于自然语言处理（NLP）技术实现，结合AIGC大模型生成题库。其中，辩题讨论功能根据辩题和题库大模型进行文本清洗、分词和词性标注，从而提取关键信息，基于规则、模型或机器学习方法生成相应的论据及观点；法律知识PK大厅通过算法实时匹配在线用户，控制"对战"流程，确保有效交互。

此外，平台依托"天平号"打造法院系统社交平台"法律圈"，吸引时政、法律、文化等领域专业人士入驻，通过PUGC模式构建法律主场。通过"天平杯·随手拍"大赛、"我的调解日志"等活动积极调动用户自发生产内容，聚合线上、线下双渠道流量。以短视频形式呈现分享内容，通过激活核心用户群体，释放用户内容生产力，建设法律人的精神家园。

二、探索科技赋能，推进数智融媒发展

随着云计算、大数据、人工智能、5G、区块链等新一代数字技术的蓬勃发展，数字化技术的触角已经渗透到各个领域，特别是新一代人工智能技术取得的突破性进展，全面加速了数字社会的演进过程。媒体融合由技术驱动，展现出更加智能化与自动化的特征，技术从底层逻辑的层面介入媒体融合深度转型过程。视听融合与智能技术被融入虚实融生的内容生产过程，实现虚拟现实、人工智能等技术对媒体生产转型的重构。

面对媒体智能化进入快速发展阶段的新形势，习近平总书记指出，探索将人工智能运用在新闻采集、生产、分发、接收、反馈中，用主流价值导向驾驭"算法"，全面提高舆论引导能力。近年来，天平阳光一体化移动平台紧跟发展趋势进行产品升级，对数智环境下的新技术进行了有益探索，利用数字化赋能工具，提高新闻生产的传播效率和媒体产品的创意创新能力；利用传播手段数字化，构建智能化发展格局，

1
—
2

1. 天平阳光服务板块
2. 天平阳光垂直社交板块

推动法治宣传工作持续走向立体化。

一是利用3D视频，玩转数据新闻。2022年全国两会期间，平台发布短视频《AI法官"正义"，带您走进工作报告》。通过3D建模，打造出虚拟空间、虚拟人物、虚拟场景，结合最高法工作报告进行叙述。作品从二维MG动画，到绿幕抠像加手绘，再到三维动画，利用活泼的表达形式直观生动地诠释新闻内容，从静态到动态，让重大主题报道"飞入寻常百姓家"。

二是借助虚拟数字人，解锁报道新形式。虚拟数字人是元宇宙技术重要的组成部分，数字人技术与人工智能的结合为新闻播报场景提供了全新的思路。2022年，我们引入新技术推出虚拟数字人——"AI夏静"主播产品，以传媒总社主播夏静为原型，通过深度学习、语音识别、情感识别、语音合成等技术，模拟人类的表情、肢体语言和语音，实时响应用户的指令和提问，结合AIGC进行千亿级大模型训练，通过3D建模以及海量数据训练学习，生成AI虚拟主播——夏静。两会期间，"AI夏静"与嘉宾围绕两会热点进行互动访谈，这种形式有效赋能了新闻的创新表达，为数字媒体的进步提供了强大动力。

三是运用3D虚拟空间，打造事件第一现场。2022年9月30日烈士纪念日，平台推出H5作品《即使我死，你的事也不可能！这是她生前的最后一句话……》，作品讲述了拒绝当事人说情被杀害的湖南女法官周春梅的故事。其中H5第二部分的展览馆设置，首次对3D虚拟空间进行了尝试，通过建模，实现3D空间中悬挂2D平面作品进行展示，并通过手势等增加交互。

四是使用智能创作平台，丰富创作手段。平台的普法类短视频节目《民法君》将老百姓日常生活中可能遇到的法律问题以一分钟趣演案例的方式进行演绎，节目上线至今已制作播出近200集，播放量达7.8亿。荣获首届中国行业媒体融合发展案例征评提名案例、第八届亚洲微电影艺术节最佳品牌作品奖等奖项。在"民法君"系列短剧智能创作平台中，通过大语言模型支撑节目前期脚本创作，实现多模态、多场景、多语种的智能校验；在后期视频剪辑中，根据原始视频素材，快速生成符合主题内容的

1.《AI法官"正义"，带您走进工作报告》
　　视频画面
2.《AI主播夏静和女法官们度过的第一个
　　"女法官国际日"》视频画面

剪辑片段，并进行场景虚化、视频调优，有效提高了剪辑效率和质量。

此外，平台充分利用5G技术打通信息传播的链路，助力内容生产提质增效。平台的"天平杯·随手拍"活动，充分发挥移动智能5G终端快捷、便利的优势，实现用户"在线采集"、编辑"在线加工"、终端"在线展示"的全链条线路，进一步激发释放平台用户的原创内容生产力。

三、筑牢安全防线，夯实高质量发展基础

当前，网络安全风险日益突出，网络舆论、空间话语权等软性网络安全隐忧增加。习近平总书记强调，要从维护国家政治安全、文化安全、意识形态安全的高度，加强网络内容建设，使全媒体传播在法治轨道上运行。天平阳光一体化移动平台始终把做好网络安全防护工作作为平台建设的核心内容，坚持党管互联网，坚持正能量是总要求、管得住是硬道理、用得好是真本事，时刻站稳政治立场，守好意识形态阵地，筑牢网络安全屏障。

系统安全方面，针对网络攻击和入侵，建立完善的网络安全体系，如：防火墙、入侵检测等相关安全策略。通过可视化实时监测和态势感知分析，防止黑客攻击和数据泄露，有效保护网络安全。在数据传输和存储过程中，制定严格的信息安全管理制度，通过加密技术、智能卡技术、密码技术、网络行为监管技术、网络隔离技术等综合应用，将运维工作的质量与服务的效益紧密结合，构建全方位、多层次的技术安全保障体系。

内容风控方面，平台通过多维度知识图谱、自然语言语义技术、图像识别技术三者结合，实现各领域之间的相互融合和渗透，达到精细化运营目的。平台将传媒总社全平台积累的知识数据进行智能化处理和数字化转换，实现对文本内容在知识性、规范性、错别字等方面的精准检测，对图片中人物、旗帜、标语等内容的安全检测，对视频内容的抽查检测。此外，平台还引进了"智能校对"系统，对新闻报道和法律文稿进行强制性预审，确保内容的准确性及合法性。该系统采用自然语言处理技术，自

《民法君》系列作品

动检测语法错误、拼写错误、事实错误等问题,并提供修改建议和参考。目前,"智能校对"系统承担了平台3500余个"天平号"自媒体账号的内容校对工作。通过"人工+智能"双轨并行的方式,提升智能审核效能,推动平台可持续发展。

明者因时而变,知者随事而制。2023年9月,习近平总书记在黑龙江考察调研时提到一个令人耳目一新的新词汇——"新质生产力"。总书记指出,整合科技创新资源,引领发展战略性新兴产业和未来产业,加快形成新质生产力。新质生产力的提出,为我们进一步以技术创新推进媒体深度融合明确了方向。

在数字化时代,我们需要不断探索和创新"技术赋能",做到内容创作数字化、媒体平台数字化、媒体服务数字化,以这三点为核心构建智能传播体系。同时,也要依托"理念赋能",用互联网思维、平台思维、用户思维等符合全媒体时代信息传播规律的思维理念,对媒体管理机制、组织架构、采编流程等多方面优化改革,从而更大程度推进媒体深度融合发展。在数智化时代,要用好"技术赋能+理念赋能",以数字化为重点开启双向融合之路,以智融媒体为共同目标。

在技术驱动和网络生态不断变革的当下,为应对互联网空间新形态和舆论引导需求,解决融合过程中的各种挑战和问题,天平阳光一体化移动平台将继续紧跟时代步伐、追踪行业前沿,积极深化法治作品辐射效应,借助"互联网+法治"不断提升法院新闻宣传思想文化工作水平,为深入推进审判工作现代化营造良好的舆论环境。

以融合发展成效助力加快建设交通强国

中国交通报社有限公司党委书记、董事长
朱玉峰

　　交通是兴国之要、强国之基，建设交通强国是以习近平同志为核心的党中央作出的重大战略决策。习近平总书记多次对交通强国建设作出重要指示，为发展我国交通运输事业擘画了宏伟蓝图。站在新的历史起点，交通运输行业正以"闯"的精神、"创"的劲头、"干"的作风，奋力加快建设人民满意、保障有力、世界前列的交通强国，努力当好中国式现代化的开路先锋。

　　作为交通运输部党组机关报和唯一覆盖交通运输全领域的行业主流媒体，中国交通报社坚决履行习近平总书记提出的党的新闻舆论工作的职责使命，不折不扣把习近平总书记关心推动的媒体深度融合发展落实到位、取得实效，在全媒体传播体系建设中奋勇争先，加快打造交通运输行业新型主流媒体，发挥好新闻宣传和舆论引导主渠道、主阵地、主力军作用，奏响了奋力加快建设交通强国、努力当好中国式现代化的开路先锋的新闻舆论最强音。

一、立足交通、守正创新、融合发展，加快建设交通运输行业主流媒体

在交通运输部党组的领导下，中国交通报社认真贯彻落实中央关于推动传统媒体和新兴媒体融合发展的要求，积极适应新闻传播规律和新兴媒体发展形势，推动传统媒体和新兴媒体在内容、渠道、平台、经营、管理等方面的深度融合，取得了一定的成效，为报社拓展多元经营、壮大整体实力、谋求长远发展积蓄了经验、打牢了基础。

一是坚持守正创新、移动优先，建设具有行业特色的融媒体传播体系。我们很早就认识到，中国交通报社推进融合发展要立足于交通运输发展形势需要和行业报发展实际，不因循守旧也不贪功冒进，不盲目求全也不遍地开花，而要客观分析用户、受众特点和需求，科学、有序地布局传播渠道，在办好办精《中国交通报》的前提下，重点拓展并应用"两微一端"等渠道，积极入驻学习强国号、头条号、百家号及抖音等第三方平台，提升报社的传播力，扩大舆论阵地。截至目前，建成了包括报（《中国交通报》+手机数字报）、网（中国交通新闻网）、端（交通强国App）、微（官方微博、微信公众号）及15个"交通发布"系列第三方平台账号的融媒体矩阵，实现了"主力军全面挺进主阵地"，提升了新闻宣传的到达量、阅读量、点赞量。随着报纸发行量稳步提高和新媒体平台影响力持续扩大，具有交通运输特色的新型主流媒体做到了内容"出彩"、应用"出新"、生态"出圈"，融合发展的优秀答卷跃然纸上、网上、掌上。2023年新媒体各平台共发布各类稿件3.3万篇，累计阅读量约10.8亿（不含微博话题），互动量762万。其中，中国交通新闻网、"交通强国"手机客户端有3篇稿件阅读量超过100万；微信公众号有12条阅读量10万+；"交通发布"微博多个话题登上热搜榜；学习强国号点击量5802万。截至目前，交通强国客户端"交通号"入驻单位达55家，下载量44万，注册用户超97万；微信公众号关注量超55万；"交通发布"微博粉丝量180万，"交通发布"抖音号、快手号粉丝量突破100万。

二是坚持融为一体、合而为一，创新融媒体生产传播机制。中国交通报社于2022

1   1. 中国交通报社融媒体矩阵

2   2. 举办交通运输行业文化年会

年3月成立跨部门运作的融媒体中心，出台了《融媒体生产传播管理办法》及配套考核细则、安全管理实施细则。融媒体中心由报社副总编辑牵头，各相关部门派一名副主任和业务骨干加入，负责统筹协调融媒体报道策划、发布、传播、考核等工作。这是在不改变采编、经营、管理大框架基础上的创新尝试，重点解决了五方面的问题：一是强化促进报社媒体深度融合的意识动力；二是明确各部门加强融媒体生产传播的责任流程；三是厘清融媒体平台内容生产传播的安全规范；四是制定融媒体生产传播的量化考核机制；五是形成打造优质融媒体内容产品的鲜明导向。机制创新两年来，新媒体各平台传播力、影响力显著提升。我社"好生活在路上"交通发展成就融媒体宣传项目、"融媒体生产传播机制创新"项目先后入选国家新闻出版署评选的中国报业深度融合发展创新案例。2024年，报社在新一轮机构改革的过程中，撤销了新媒体中心，将其新媒体运营、管理职责并入总编室，成立了新的总编室（融媒体中心），编委会组织制修订了《编辑委员会工作规则》《融媒体生产传播管理办法》等系列制度，进一步强化总编室（融媒体中心）作为新闻采编管理中枢在推进媒体深度融合发展中统筹融合生产传播管理、考核的职能，进一步明确了各采编部门融合生产传播中的职责、任务。

三是坚持一体化发展、多元化经营，不断探索与自身相适应的"新闻+政务商务服务"模式。我们因"融"而新、因"融"而强，探索出多元、高效的'新闻+政务服务商务'运营模式，在保障交通运输部党组和全行业新闻舆论、舆情监测、宣传思想文化等工作，服务合作伙伴新媒体运营和交通运输舆情智库工作，助力企事业单位成就宣传、经验交流、产品推广、业务拓展等方面展示出行业媒体的专业实力和独特优势，探索形成了一体化发展、多元化经营的新格局。一方面通过挖掘政企需求，拓展行业资源，打造品牌活动，搭建合作平台，推进融合传播，提升行业影响。一方面通过创新形式内容，服务宣传需求，涵养专业能力，拓展互动范围，促进融合传播，实现互利共赢。这些创新举措和成果，提升了报社的整体竞争力，稳固了报社行业主流媒体地位，也为下一步发展打下了坚实的基础。

二、围绕中心、服务大局，秉持"专业、权威、引领、服务"理念，壮大交通运输主流舆论

中国交通报社自觉服务于党的国家工作大局，坚持在大局中思考、在大局中行动，牢牢把握交通运输新闻舆论工作的导向、基调和重点任务，更好地为交通运输行业中心任务，为全局工作助力添彩。

一是大力宣传全行业贯彻落实习近平总书记关于交通运输的重要指示批示精神的举措。习近平总书记始终高度重视交通运输工作，多次作出重要论述，科学回答了新时代发展什么样的交通运输、怎样发展交通运输等重大时代课题，提出一系列原创性的新理念新思想新战略，也为我们做好交通运输新闻舆论工作指明了前进方向、提供了遵循根本。在交通运输部党组的领导下，中国交通报社策划实施了一系列重大主题宣传活动。聚焦"四好农村路"建设，连续多年组织"小康路、交通情"重大主题宣传活动，在《中国交通报》第1版开辟《四好农村路助力乡村振兴》专栏、持续出版《"四好农村路"高质量发展特刊》，在中国交通新闻网、交通强国客户端首页开辟《牢记总书记嘱托持续推动"四好农村路"高质量发展》专题。聚焦城市交通发展和绿色出行，连续多年承办交通运输部"我的公交我的城"主题宣传和绿色出行宣传月、公交出行宣传月活动。围绕"一带一路"建设，策划"'一带一路'陆路口岸万里行""海上丝绸之路港口万里行"等重大主题采访活动。围绕京津冀协同发展和长江经济带发展，策划"加快推进京津冀交通一体化""走读长江感知脉动"等主题采访，有效引导了全行业进一步贯彻落实习近平总书记重要论述精神，更好担负起中国式现代化建设中的使命任务。

二是全面展示交通运输服务经济社会发展特别是实现第一个百年奋斗目标中的突出贡献。党的十八大以来，在以习近平同志为核心的党中央坚强领导下，交通运输事业取得了历史性成就、发生了历史性变革。中国交通报社围绕庆祝改革开放40周年、中华人民共和国成立70周年、中国共产党成立100周年和庆祝党的二十大胜利召开等

1
2

1. "四好农村路"高质量
   发展特刊
2. 绿色出行宣传月和公交
   出行宣传周活动专题

主题，推出"沿着高速看中国""沿着总书记的足迹"等大规模、立体化主题成就宣传，"乡村振兴看交通"等活动，通过专业化表达、可视化呈现、智能化推送、互动化传播，打造出深受群众喜欢、高频点赞转发的作品，全面、系统展示了交通运输服务保障实现第一个百年奋斗目标、加快建设交通强国取得的辉煌成就，展示了全行业干部职工在全面建设社会主义现代化国家新征程中勇当先锋、再立新功的豪情壮志，鼓舞了士气，凝聚了人心。特别是"开路先锋、非凡十年"主题宣传活动，"非凡十年、影鉴交通"交通运输短视频创摄大赛，得到了中宣部新闻局的表扬。

三是广泛传播新时代加快建设交通强国成就经验。加快建设交通强国是以习近平总书记为核心的党中央立足国情、着眼全局、面向未来作出的重大决策，是全面建设社会主义现代化国家的先行领域和战略支撑。中国交通报社深刻把握交通强国的内涵、目标和任务，把握各批次交通强国试点的时间、进度和成效，组织《交通强国建设试点进行时》《为全面建设社会主义现代化国家当好先行》等活动栏目。为适应新媒体发展和交通强国建设宣传需要，原"中国交通报"客户端更名为"交通强国"客户端，并在中国交通新闻网、交通强国客户端开辟《交通强国建设试点新突破新成效》专题，持续跟踪报道试点单位的创新探索和经验成果，让全行业更加深刻认识加快建设交通强国的重要意义，进一步增强责任感紧迫感。

四是主动引领可持续交通发展主流舆论。近年来，中国交通报社积极承担"联接中外、沟通世界"的责任，坚持讲好中国交通故事、传播中国交通好声音。充分利用好第二届联合国全球可持续交通大会、全球可持续交通高峰论坛（2023）等重大会议、活动契机，组织"可持续的交通、可持续的发展""可持续交通发展的中国实践"等采访活动和主题宣传，挖掘、展示中国交通运输可持续发展的探索实践和经验成果，大力宣传习近平总书记在大会开幕上的主旨讲话和致论坛的贺信，让"与世界相交、与时代相通"理念全球传播，让建设安全、便捷、高效、绿色、经济、包容、韧性的可持续交通体系形成共识，让支撑服务经济社会高质量发展、实现"人享其行、物畅其流"美好愿景的世界憧憬。

1

2

1. 第二届联合国可持续
交通大会报道

2. 全面小康

三、弘扬交通精神、传播交通文化、讲好交通故事，提振当好开路先锋的精气神

新时代，新征程，任务繁重、使命光荣。近年来，中国交通报社发挥行业主流媒体宣传、引领作用，坚持人民至上，用心走好群众路线，以大力繁荣新时代交通文化为己任，持续开展先进典型宣传和文化品牌宣传，为奋力加快建设交通强国、努力当好中国式现代化的开路先锋提供了坚强思想保证、强大精神力量、有利文化条件。

一是大力弘扬交通运输精神。新时代交通运输精神谱系更加丰富。习近平总书记在川藏、青藏公路建成通车60周年之际强调，60年来，在建设和养护公路的过程中，形成和发扬了一不怕苦、二不怕死，顽强拼搏、甘当路石，军民一家、民族团结的"两路"精神，新形势下，要继续弘扬"两路"精神。在会见四川航空"中国民航英雄机组"全体成员时强调，伟大出自平凡，英雄来自人民。学习英雄事迹，弘扬英雄精神，就是要把非凡英雄精神体现在平凡工作岗位上，体现在对人民生命安全高度负责的责任意识上。中国交通报社将宣传阐释交通精神作为弘扬社会主义核心价值观的重要内容，宣传报道全行业学习"两路"精神、青藏铁路精神、港珠澳大桥建设者奋斗精神、中国民航英雄机组精神、邮政快递"小蜜蜂"精神，为交通运输发展建功立业的生动实践和感人故事。

二是大力挖掘行业最美。为适应新时代做好典型宣传、发挥榜样力量的需要，中国交通报社创新先进典型的挖掘、培育、选树、宣传方式，在交通运输部的指导、支持下，组织了"最美货车司机""最美公交司机""最美出租车司机"等具有交通运输行业特色的最美系列推选宣传，树立了方秋子、其美多吉等一大批来自基层一线的体现时代精神、形象丰满典型、广受公众认可、更有引领价值的先进典型，通过寻访他们的工作、生活轨迹，展示他们在时代发展大潮中的奋斗历程，看到了新时代交通运输人的信仰信念、人格风骨、家国情怀。另外，中国交通报社还连续十年承办"感动交通年度人物"主题宣传活动，利用笔和镜头，通过报纸和移动互联网，讲述普通交通人爱岗敬

业、忠诚职守的感人故事，讴歌基层一线奋斗者甘于奉献、实干兴邦的优秀品质，真实记录、展示当代交通人的时代形象和精神面貌。许多最美交通人物、感动交通年度人物从交通运输行业走向全国，成为全国劳模、感动中国年度人物、全国人大代表、党代表。在交通运输部党组的倡导下，全行业也从正向激励到关心关爱，构建起一整套制度规范，让越来越多人变成"最美交通"的参与者、创造者。

三是大力树立文化品牌。讲好新时代交通故事，繁荣发展交通文化事业和文化产业，是中国交通报社的自觉行动和责任担当。近年来，在交通运输部党组的领导下，我们为行业文化发展架桥梁、搭舞台，成功举办了优秀文化品牌推选活动、好故事宣讲比赛活动、优秀文创征集活动、优秀文博馆推选展示等活动，得到行业的热情呼应，绘就了交通文化的新风景。从2019年在成都举办第一届交通运输优秀文化品牌推选活动，活动已连续举办5年，宣传、树立品牌1521个。时代楷模、党的二十大代表其美多吉，党的二十大代表方秋子、常洪霞、农凤娟、刘冬梅、廖财莉，第十四届全国人大代表何少花、王争，以及江苏交通人的榜样陈传香、王建生等成为引领行业风尚的明星，他们爱岗敬业、奉献人民的故事是交通精神的时代回响。另外，我们还不断应用宣传、弘扬交通文化的表现形式，联合中央媒体和行业领军企业，出品了《好生活在路上》《大国工匠》等纪录片，丰富了交通主题的内容表达和精神传承。特别是《好生活在路上》已经成为行业特色鲜明的活动IP，2023年推出的《好生活在路上》新疆篇、《好生活在路上&100个人的交通故事》，成为影响全行业的现象级传播案例。

四、加快建设全媒体传播平台，引领交通运输主流舆论

创刊于1984年的中国交通报已经走过整整40年，推进媒体融合发展、打造行业新型主流媒体也步入11个年头，站在新的起点上，我们也明确了新的奋斗坐标。我们将深入学习贯彻党的二十大精神，尤其是习近平文化思想，将宣传阐释好习近平总书记关于交通运输的重要论述精神作为首要政治任务，传达、解读好党中央、国务院指示精神和部党组部署要求作为最重要政治责任，报道、传播好交通运输发展成就和奋斗

精神最根本职责使命，从加强全媒体传播体系建设、提升舆论斗争能力水平两方面重点发力。

一是加快建设适应交通运输发展需求的全媒体传播体系。加强全媒体传播体系建设，做好交通运输部级政务新媒体运营服务支撑，提升《中国交通报》办报质量和其他新媒体新平台内容生产传播能力，加快建设适应行业发展需求的"中国交通"全媒体传播体系，凸显交通运输行业新闻宣传、舆论传播"第一品牌"。要坚持"读者在哪里，受众在哪里，宣传报道的触角就要伸向哪里，宣传思想工作的着力点和落脚点就要放在哪里"，重点建设"交通强国"客户端，建成基于个性化推荐引擎技术，能根据用户兴趣、位置等多个维度进行新闻、图片、视频、理论等资讯及文娱、购物信息精准推送的一站式移动发布平台，适度依靠、合理利用社交新媒体、短视频软件等新兴商业传播平台，加强与商业平台在技术、渠道、载体等方面的合作，扩大原创新闻内容的传播范围，抢占新兴传播阵地。

"十四五"时期，我们将重点实施"114工程"：即**一个核心目标**——始终坚持正确政治方向和舆论导向，把社会效益放在首位，加快推进媒体深度融合，做强行业新型主流媒体；**一个发展战略**——准确把握行业媒体发展规律，坚定走一体化发展道路；**实施四项工程：**积极探索打造一个平台——融媒体新闻宣传共享云平台；完善一项制度——适应报社实际的绩效考核激励制度；建设一支队伍——爱岗敬业、奉献担当、追求卓越的行业新闻宣传主力军；再上一个新台阶——可持续发展能力有质的提升。

2024年以来，我们大力推进机构改革、薪酬改革，下一步，我们将紧紧抓住"融为一体、合而为一"这个关键，以融促改、以改促转、以转提能，对体制机制、政策措施、机构流程、人才团队等各方面工作加快创新改革步伐，持续解决全媒体发展格局下媒体深度融合的难点、痛点、堵点，以系统化、深层次变革推进媒体深度融合，确保实现"十四五"规划目标。

二是大力塑造服务交通运输发展需求的主流舆论。将增强"四个意识"、坚定"四个自信"、做到"两个维护"体现在履行好新时代宣传思想工作的使命任务、新闻

1   1. 北京冬奥会交通运输报道

2   2. 新春走基层春节特别报道

舆论工作的职责使命上，体现在立足本职工作、推进融合生产传播、打造优质内容产品上，把"两个确立"贯穿于新闻舆论工作始终，不折不扣围绕党中央决策部署、部党组中心工作落实落细新闻宣传和舆论引导。

为进一步做好热点引导、引领主流舆论，我们将在三方面发力，**一是保持舆情敏感**。在连续多年为交通运输部提供舆情监测分析服务的过程中，我们培养了一支熟悉行业、业务精湛、反应迅速的舆情监测队伍。今后将利用好这支队伍，应用先进技术，为全行业服务，为报社新闻采编服务，对社会公众关注关心的话题、问题第一时间做出反应。**二是积极主动引导**。发挥好媒体议程设置优势和交通专业优势，把党和政府想说的、媒体关注的、公众关心的交通运输话题有机结合起来，精准有效引导社会舆论。**三是敢于澄清谬误**。对于与交通有关的社会关切、群众疑惑特别是错误观点、网络谣言，及时发布权威消息，全面准确做好解读，讲清交通运输管理部门的政策措施和导向，既阐明"怎么看"又回答"怎么办"，加强交流互动，努力达成共识，切实掌握主导权、画好同心圆。

从一家传统报纸到"平台+内容生产者"，从推进媒体融合发展迈向纵深、加快建设全媒体传播体系，到建成交通运输行业新型主流媒体、营造既体现主流价值又富有交通特色的舆论生态，要求我们准确识变、科学应变、主动求变，创新永不止步，更好发挥"压舱石""定盘星"作用。中国交通报社将在交通运输部党组正确领导下、在全行业的鼎力支持下，赓续优秀传承，弘扬斗争精神，坚持政治家办报，心怀"国之大者"，全面挺进互联网主战场、坚决守牢舆论斗争主阵地，加快构建以内容建设为根本、先进技术为支撑、创新管理为保障，具有交通运输行业特色的全媒体传播体系，全方位传播主流意识形态与社会主义核心价值观，多角度展示全球交通运输发展中的中国智慧、中国贡献，立体化呈现全体交通人的奋斗精神、奋斗成果，不断巩固壮大全行业奋进新时代的主流思想基础。

04 ｜ 融媒
作品篇

打造"铁"字号精品力作 书写新时代精彩篇章

....

《人民铁道》报业有限公司党委书记、总经理
田世刚

....

党的十八大以来,《人民铁道》报业有限公司以习近平新时代中国特色社会主义思想为指导,认真贯彻习近平总书记关于新闻舆论工作的重要论述,应势而谋、因势而动、顺势而为,加快推进媒体深度融合,精心打造全媒体矩阵,不断提升传播力、引导力、影响力、公信力。目前,"人民铁道"运维的媒体平台达到17个,其中中国铁路抖音号、快手号自开通以来,短视频播放量和点赞量都在不断向上攀升。在首届中国行业媒体短视频大赛中,报业公司的《最美铁路人》《中老铁路》《动态详解:三趟列车旅客脱困路线图》等6件作品分别获得一、二、三等奖和提名奖。

短视频是媒体融合发展的重要阵地,是行业媒体转型发展的有效途径。作为铁路主流媒体,报业公司深入贯彻习近平总书记关于媒体深度融合发展的重要论述,将行业媒体"专、精、深"的传统优势与短视频作品"短、平、快"的传播优势有机结合,努力推出一批强信心、聚民心、暖人心的短视频产品,为铁路勇当服务和支持中国式现代化的"火车头"提供了强有力的舆论支撑,也让一家走过70多年光辉岁月的

1   1. 沿着总书记的足迹·铁路篇1
2   2. 中老铁路

传统行业老报，变得更加立体多元、更加朝气蓬勃、更加年轻时尚，让"人民铁道"的金字招牌在新时代绽放出更加夺目的光彩。

一、心怀"国之大者"，在重大题材中找到最佳报道落点，让短视频在"大"中展现新作为

聚焦聚力主题主线，做强做优重大报道，是"主力军挺进主战场"的必然要求。党的十八大以来，铁路事业蓬勃发展，习近平总书记对铁路工作高度重视、极为关怀，每每在重要节点、关键时刻都会对铁路工作作出重要指示批示，为我们开展重大报道提供了强大政治动力和根本遵循。在短视频的创作中，我们紧扣总书记对铁路工作的重要指示批示精神、关心关注的国家重大战略，从党和国家的工作大局出发，从铁路现代化建设的大事入手，找到重大主题的最佳报道落点，进行行业化、多视角、个性化的呈现，让短视频这一轻量级的新闻品类展现重量级的大作为。

2022年，报业公司提高政治站位，发挥融合效能，把迎接、宣传、贯彻党的二十大精神作为全年工作的主题主线，牢记总书记教导，追寻总书记足迹，重温总书记暖心话语，精心策划了《奋进新征程·建功新时代》《沿着总书记的足迹·铁路篇》系列主题报道，并把短视频产品作为"标配"，成功实现了重大主题报道的可视化传播，全景呈现了党的十八大以来，铁路事业发展取得的历史性成就、突破性进展、标志性成果。创作过程中，我们从"国之大者"中找方向、民之大业中找坐标、铁路大事中找落点，彰显主流媒体的权威性、公信力和影响力。我们坚持大小结合、点面结合、见人与见事结合、历史与未来结合，使报道丰富立体、多姿多彩，引发良好反响。2023年以来，我们以共建"一带一路"倡议提出10周年为重大报道契机，精心打造《中老铁路》宣传片，创作《跨越山海 钢铁丝路——"一带一路"这十年》专题片，以精美的画面、明快的节奏，生动展现了铁路服务推动"一带一路"高质量发展的重大成果和标志性工程。

实践证明，做好重大主题的短视频报道，既要大处着眼，也要小处落笔；既要有

"大写意"，也要有"工笔画"；既要有高屋建瓴的宏大叙事，也要有见人见事的故事细节；既要有严谨深入的理性思考，也要有感人至深的细腻表达，以小故事构筑大格局，以小切口彰显大主题，推动短视频报道视角更多元，叙事更灵动。

二、坚持"移动优先"，新媒体赋能传统媒体"破圈出彩"，让短视频在"融"中拓展价值

习近平总书记强调："要坚持移动优先策略，让主流媒体借助移动传播，牢牢占据舆论引导、思想引领、文化传承、服务人民的传播制高点。"当前，短视频已经成为手机和网络空间最受欢迎的传播形态之一。作为行业主流媒体，报业公司研判媒介发展新趋势，抢抓短视频发展新机遇，深入践行移动优先战略，加快布局短视频平台，实现传统媒体和新兴媒体同步发展、优势互补，做到"受众在哪里，宣传报道的触角就伸向哪里"，进一步提升影响力和传播力。

近年来，我们聚焦铁路服务国家重大战略以及铁路中心工作，把短视频作为抢占舆论阵地、扩大受众范围的新生力量，努力打造融合发展的"轻骑兵"。每年"两会"，我们制作《两会动车组》系列短视频，解读代表委员关注的铁路热点，用鲜活的话语、生动的事例、动人的情景，打造有深度、有温度、有新意的视频产品。2023年4月，我们精心策划编排，在移动端创新推出铁路短视频新闻周刊《铁路V视界》，每期用300秒的时间，速览铁路资讯、关注新闻热点、听平凡铁路人的时代心声、看铁路360行的精彩纷呈，实现理念、语态、内容、形式、业态等多方面的融合创新，达成了把铁路短视频新闻办到手机上的目标。我们还在移动端推出《车站·时光》短视频，运用丰富史料和实拍画面，讲述新中国成立十周年时"首都十大建筑之一"的北京站、"中国高铁第一站"北京南站和亚洲最大铁路枢纽北京丰台站的故事，通过车站这一意象，折射祖国繁荣发展的壮美画卷。近年来，《世界最长高铁再添世界之最》《跑好中欧班列"第一棒"》《你好！雅万高铁》《K1178次列车全部旅客安全转移》等多个重大选题均以微视频、短视频、新闻、专题、二维码等形式刊发

1   1. 铁路V视界
2   2. 跑好中欧班列"第一棒"

在"人民铁道"报纸、网站、新媒体平台，其立体化、多元化、交互式的呈现方式，给受众带来全新体验，进一步探索了媒体融合发展的新路径。

实践证明，在短视频创作中，行业媒体要积极顺应圈层化、分众化、垂直化、视频化等传播大势，更加注重作品由单一落点、单一平台转向报、台、网、微、屏等多元平台的立体整合传播，使传统媒体的权威公信与新媒体平台的灵活互动有机结合，联动借力、融合聚力，推动行业优质新闻题材价值最大化。

三、创新表达方式，运用新技术提升产品"魅力值"，让短视频在"新"中抓取流量

在新技术运用日趋成熟的情况下，短视频产品的出彩之道，是在坚持内容为王的基础上，拥抱新技术，适应过程化、场景化和感知化趋势，使传播的内容与前沿技术应用无缝对接，用更加独特的创意和表达，多维度多角度展现新闻价值，扩大传播效果。

2023年暑期，京津冀地区遭遇严重水害，部分进京旅客列车受阻滞留。在紧要关头，报业公司迅速成立抗洪报道突击队，用镜头记录了铁路人不惧风雨、倾情服务的难忘瞬间，《三趟列车旅客脱困路线图》通过动画与实景结合的方式，讲述了铁路人坚持人民至上、生命至上，坚守一线，与时间赛跑，全力转运滞留旅客，恢复运输生产秩序，畅通钢铁大动脉的感人故事。酷暑时节，人民铁道主播登上世界上首座主跨超千米的公铁两用斜拉——沪苏通长江公铁大桥，与桥梁工们一起爬高钻低，通过体验采访的方式，使用运动摄像机记录检修铁路桥梁全过程，生动立体地呈现了铁路人的勇气与坚守。2023年以来，我们还策划了第一部卡通形象主播、AI虚拟配音的竖屏微视频栏目《跟着铁宝游中国》，沿着八纵八横高铁网带用户沉浸式体验中国速度、感受美好旅途；打造了《乐说铁路事儿》短视频品牌，用通俗语言传递主流声音，抢抓热点、解读重点的能力持续增强。推出了《坐着高铁看中国》系列短视频，以生动内容和精彩视觉效果展现文化中国、绿色中国、诗意中国、大美中国；以直播方式，

提供"角色代入"的全景式体验，使用户身临其境感受高铁的速度、慢火车的温度以及匈塞铁路的异国风情，真正使用户融入其中、共情共鸣。同时，我们还坚持"长短结合"，精心制作专题片、长视频，不断强化视频产品的深度和厚度。

实践证明，在短视频创作中，行业媒体要重视和贴近用户需求，综合运用移动直播、三维特效等技术手段，提升产品的"颜值"和交互性，强化与用户的关联度，才能在弘扬主旋律和打造大流量之间获得双赢。

四、强化精品攻关，超前策划与讲好故事有机结合，让短视频在"精"中量质齐升

策划有思路有创意，内容有厚度有温度，是优秀短视频作品的必备要素。媒体融合变的是技术和形态，不变的是以人为核心的报道理念和以故事为载体的叙事方式，强化策划的主动性，是做好报道、讲好故事的基石。报业公司通过大策划和小策划互补，长策划和短策划结合，用好策划这把利器，谋定而后动，打造短视频精品，打好新闻宣传主动仗。

近年来，我们统筹谋划，打造了《中国铁路之最》等短视频品牌，摄制了《慢慢走，我们一直在您身边》《致敬铁路人》等公益短视频，获评国家广播电视总局公益广告扶持项目一类作品。2023年春节前一周，B站推出"贺岁"广告视频片《第3286个车站》。作为铁路主流媒体，如何更好地讲述铁路春运故事，回应影片的精巧创意和感人至深的内容，创作团队历经一个多月的打磨和制作，推出了短视频作品《3285个铁路车站的回信》，以社会化的视角和网络化的表达，生动讲述春运期间一线职工坚守奉献的故事，讴歌铁路人深入践行"人民铁路为人民"宗旨，温暖旅客回家路的初心。短视频作品场景丰富、叙事生动、情绪饱满，体现出鲜明的时代特色和互联网思维，受到全网1530多家媒体转发，在移动端收获了大流量，并在第十三届北京国际电影节短视频评比中获奖。为了出新出彩做好中欧班列报道，2023年，人民铁道创作团队历时半年，深入国铁集团调度指挥中心和中欧班列沿线铁路口岸站、编组站及相

2	1. 跟着铁宝游中国
1 3	2. 坐着高铁看中国——春之想往
4	3. 3285个铁路车站的回信
	4. 慢慢走，我们一直在您身边

关企业进行拍摄,推出了专题片《钢铁驼队》,通过纪实性拍摄制作手法,内容环环相扣,情节步步推进,情感深刻饱满,全方位、多角度展示"畅通高效、多向延伸、海陆互联"的钢铁丝路新通道。

实践证明,在短视频创作中,行业媒体要紧扣时代主题,围绕中心工作,深挖行业资源,发挥专业优势,坚持策划为先、内容为王、质量为本,把精品创造理念和精益求精的追求,贯彻到"策采编发评"全流程和"报台网微屏"全平台,以高质量策划引领高质量生产,用高质量内容推动高效能传播,实现"量质齐升"、全面发展。

五、拓展对外传播,推动更加充分有效的国际文化沟通,让短视频在"广"中扩大影响

习近平总书记强调,"讲好中国故事,传播好中国声音,展示真实、立体、全面的中国,是加强我国国际传播能力建设的重要任务。"互联网时代背景之下,短视频在对外传播中扮演着重要的角色,是构筑国家形象的重要驱动力和重要力量。"人民铁道"作为铁路行业权威主流媒体,持续提升国际传播效能,讲好铁路故事,传播好中国声音,让主流精神价值传播面更广,传播力更强,让更多的人读懂中国、爱上中国,是肩上必担之责。

2023年10月17日,中印尼共建"一带一路"合作的"金字招牌"雅万高铁正式开通运营,这也是中国高铁首次全系统、全要素、全产业链走出国门的"第一单"。在雅万高铁的宣传中,我们派出特别报道组远赴海外,积极融入海外新媒体传播语境,创作了多部灵活多样、精悍短小的视频作品,在国际传播中发挥了重要作用。我们策划推出的《印尼记协主席:雅万高铁让我们携手迈向光明未来》,以东盟记联主席、印尼记协主席阿塔尔·德百瑞的视角,展示了他眼中的雅万高铁和"一带一路"。视频采用全英文访谈形式,在中国铁路微信公众号、中国铁路推特上投放,国内宣传与国际传播联动,成为"一带一路"报道的亮点。《4座站房惊艳亮相!雅万高铁有多美?》全面展现雅万高铁四座车站站房全貌,画面景别、构图考究,拍摄光线运用巧

妙，饱满且富有张力，加之内容丰富，结构紧凑，将中印尼文化巧妙融合、交相呼应，作品在《中国日报》、"中国铁路"脸书、推特推出后，得到海外网友的一片点赞。这些作品在收获了大流量同时，让更多人认识中国铁路，了解中国发展成就，扩大了传播范围，提升了传播质量和传播效率。

实践证明，短视频是当前环境下便捷高效的信息传播形态之一，运用短视频影像叙事，更好地向世界讲好中国故事，加快构建中国话语和中国叙事体系，已经成为跨文化语境下面向国际传播和对外宣传的重要方式。面对新的传播格局和生态，行业媒体要结合短视频特有的具象性、共情性、真实感，适应对外传播的需求和变化，选择合适表达的主题，用精彩的创意和高质量的制作来吸引受众，深化文化交流互鉴，在展现可信、可爱、可敬的中国形象中发挥更大作用。

《人民铁道》报业有限公司将深入贯彻落实党的二十大精神，认真学习贯彻落实习近平文化思想和全国宣传思想文化工作会议精神，聚焦主题主线，服务中心大局，用更多更好的短视频作品讲好中国铁路故事，以永远在路上的执着推动媒体深度融合，当好铁路新闻宣传排头兵主力军，为推动铁路高质量发展，率先实现现代化，勇当服务和支撑中国式现代化的"火车头"提供更加坚强有力的舆论支持。

抓实"三个"着力点　拓展短视频作用
不断增强税收新闻宣传影响力、传播力

....

中国税务报社党委书记、社长
付树林

....

近年来，在税务总局党委的坚强领导下，在中国记协和中国行业报协会的精心指导下，中国税务报社坚持以习近平新时代中国特色社会主义思想为指引，深入学习贯彻党的二十大精神和习近平文化思想，对标对表习近平总书记关于新闻舆论和媒体融合发展的重要论述，抓好完善机制、举办大赛、丰富内容三个着力点，加大短视频创作和传播力度，推出一批站得高、立得住、受欢迎的宣传产品，税收新闻舆论传播力、引导力、影响力、公信力不断增强。

一、以创新体制机制为着力点，推进媒体深度融合

习近平总书记强调："手段创新，就是要积极探索有利于破解工作难题的新举措新办法，特别是要适应社会信息化持续推进的新情况，加快传统媒体和新兴媒体融合发展，充分运用新技术新应用创新媒体传播方式，占领信息传播制高点。"党的二十

大报告提出"要加强全媒体传播体系建设，塑造主流舆论新格局"。我们对标对表习近平总书记关于媒体融合发展的重要要求，以短视频制作和传播为突破口，不断完善体制机制，逐步构建起"报、网、端、微、屏"融合发展的全媒体传播矩阵，媒体融合发展取得明显成绩。《中国税务报》多次入选"中国百强报刊"，中国税务报社新媒体3次入选中国行业媒体影响力TOP10。

（一）创新体制机制，强化资源统筹

中共中央办公厅、国务院办公厅印发的《关于加快推进媒体深度融合发展的意见》明确指出，"要深化主流媒体体制机制改革，建立适应全媒体生产传播的一体化组织架构，构建新型采编流程，形成集约高效的内容生产体系和传播链条"。中国税务报社遵循行业媒体发展规律，坚持守正创新，不断深化体制机制创新。

一是完善管理体制，激发"融"的活力。一方面，坚持横向联动，打通纸媒与新媒体编采部门的业务边界，成立跨部门融媒体工作小组，鼓励各部门人员按照项目制实行组合，充分发挥纸媒编采部门的业务优势和新媒体部门的技术优势，实现"1+1>2"的聚合效应。目前，融媒体工作小组成员已经超过40人，占全部编采人员数量的70%以上。另一方面，坚持纵向贯通，调动报社驻各地记者站积极性，报社负责统筹策划，由各地记者站具体实施，构建起"一方策划、多方联动"的融媒体作品创作体制，驻站记者参与报社融媒体采编工作的意愿明显增强。目前，报社推出的绝大部分叫得响的融媒体作品，都是报社本部和记者站通力合作的结果。

二是完善工作机制，凝聚"融"的合力。落实"导向为魂、移动优先、内容为王、创新为要"要求，对"报、网、端、微、屏"，实行"策、采、编、发、评"一体推进工作机制。坚持每月末召开策划会议，在征求上级主管部门意见、听取内部各部门和驻各地记者站意见建议的基础上，确定下个月重点选题、报道安排。在内容生产方面，按照策划要求，持续完善并形成纸媒与新媒体一同采集、一同制作、分别推送的工作流程。坚持在编务会上，既审核报纸又审核新媒体作品，确保内容质量。

1

2

3

1. 中国税务报社全媒体传播矩阵
2. 中国税务报多次入选"中国百强报刊",新
   媒体三次入选中国行业媒体影响力TOP10
3. 中国税务报社选题策划会

三是完善考核制度，增强"融"的动力。充分发挥绩效考核"指挥棒"作用，把短视频等融媒体作品纳入报社"五好"奖（好策划、好稿件、好版面、好标题、好图片）一体考核，加大奖励力度，激励文字记者转型为全媒体记者，进一步提升各新媒体平台的作品质量和宣传力度。

以2023年12月1日中国税务报微信发布的融媒体作品《事关收入！2024年度个税专项附加扣除信息确认今起开始！》为例，按照12月份选题策划和报道安排，为加大对个税专项附加扣除政策的宣传力度，把这一惠及民生的好政策让更多纳税人及时知晓、及时享受，我们把懂政策、会拍摄、能出镜的融媒体工作小组成员成立一个项目团队，精心编写文案、拍摄视频、制定推广策略，作品在报社微信平台发布后仅3个小时阅读量就突破10万，5天内阅读量达94万，报社视频号阅读量达42万。

与此同时，该作品广受社会关注，相继被人民日报、中国政府网、央视新闻、央视财经、人民网、中国青年报、中国网财经、中国经济网、中国新闻网以及地方党政部门微信、微博转载，累计阅读量近1000万，传播效果和影响力俱佳。

（二）加大投入力度，强化技术支持

媒体融合改革离不开技术支撑。近年来，中国税务报社持续加大投入力度，强化技术创新赋能媒体融合，不断从硬件软件方面增强短视频制作和传播能力。

一方面，优化升级信息系统。将仅适用纸媒的采编系统进行升级改造，实现纸媒、新媒体统一采集、编辑、审核、多渠道发布的全媒体一体化工作平台，并且支持PC端和移动端办公，不仅大大提升了工作效率，而且确保新闻采编审校制度得到更好落实。

另一方面，加大硬件配置力度。一是建成融媒体演播中心。配置先进设备，配强技术人员，为拍摄制作更精良的新闻播报、访谈、视频连线类音视频作品提供保障。二是配置务实管用的报道设备。为全媒体记者配备短视频拍摄等融媒体报道设备，为记者采访提供方便。

事关收入！2024年度个税专项附加扣除信息确认今起开始！

👁 943,172　⚙ 269　💬 146　👍 555

升级采编系统，构建纸媒和新媒体一体化工作平台

1. 微信端阅读量5天达94万
2. 人民日报微博，阅读量258万；中国政府网微信，阅读量10万+
3. 中国税务报社融媒体演播中心及全媒体一体化采编平台

（三）完善用人机制，强化人才保障

为了深入推动媒体融合发展，中国税务报社运用灵活用人机制，以报社在编、报社聘用、公司聘用等多种形式，全面强化人才保障。报社下设一家全资子公司，在报社统一指挥下，既负责税务报社的新媒体运维，同时为全国各地税务机关提供新媒体账号运维和产品制作服务。灵活的市场化运作和职务薪酬体系，既充分激发了员工干事创业的主观能动性，也促进了税务媒体融合发展。其中我们构建起的"1+1+N"一体化新媒体服务体系，不仅成为税务新闻作品的内容生产中心，而且为税务系统提供一体化新媒体综合运维服务，取得了上下联动、融合报道、同频共振、多元传播的效果。2023年6月，被国家新闻出版署评为媒体深度融合发展创新案例。

在优化完善选人用人机制的同时，我们持续加大对编采人员的新闻业务培训力度，进一步提升编辑记者的新闻"四力"，特别是增强编辑记者利用先进融媒体技术和融媒体传播途径采编新闻、发布信息的能力，让新闻报道更加多元化。

二、以举办短视频大赛为着力点，构建大宣传格局

税务部门服务管理数千万企业纳税人、数亿自然人纳税人、13亿多缴费人，是与人民群众打交道最多、频率最高、范围最广、联系最紧密的政府部门之一。税务系统点多面广线长，有5级税务机构，近70万在职干部和30多万离退休干部，是我国垂管系统中队伍最大的政府部门。征税缴费直接涉及经营主体和老百姓的切身利益，为此，我们强化大局意识，服务"国之大者"，自2020年以来，在税务总局直接指导下，连续四年举办"税眼看发展"全国短视频大赛，有力推动税收大宣传格局的构建。

一是宣讲税费政策。四年来，各参赛单位创新理念、创新表达，策划创作了4500多个短视频作品。经过层层筛选、严格审核，在中国税务报社微信、视频号等新媒体平台发布600多个作品，不少作品的全网播放量达到10万+。这些作品紧扣"民之所需"，积极回应社会关切，通过新闻、剧情、纪实、动画、歌曲等各种形式宣讲税费政策和违法案件，既帮助纳税人缴费人应享尽享税费红利，又通过传播诚实守信遵法

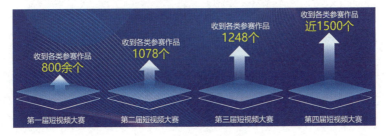

1	1. 媒体深度融合发展创新案例
2	2. 四届短视频大赛参赛人数、参赛作品逐年增多

的理念，大力弘扬了社会主义核心价值观。

二是展示税务文化。 四年来，大赛的参赛规模不断扩大，参赛单位涉及32个省级税务局、67个地级市税务局、110个县级税务局，以及部分媒体和企事业单位。各参赛单位坚持以受众喜闻乐见的方式制作短视频，讲好中国税务故事，弘扬中国税务精神，传播税收在国家治理中发挥的基础性、支柱性、保障性作用，展示税务人在新时代新征程上忠诚担当、崇法守纪、兴税强国的中国税务精神，共同打造税务人的精神家园，为税收现代化服务中国式现代化营造良好舆论氛围。

三是采访文化名人。 为了贯彻党的十九届六中全会精神，贯彻习近平总书记关于宣传思想工作重要论述，落实税务总局党委部署，中国税务报社决定从2022年起增加《税收文化专刊》刊期，专刊编辑团队和新媒体团队紧密合作，统一策划，先后专访了十多位荣获鲁迅文学奖、茅盾文学奖等奖项的文化名人，请他们讲述文学创作故事，对税收文学创作的独到见解等，制作的短视频在发布后获得了很好的反响。《税收文化专刊》立足文化视角，增加文化元素，寻求文化表达，突出"大文化"特色，用文学艺术等形式，描绘税收改革新画卷，抒写税收发展新史诗，对于繁荣中国税务文化，推动税收改革发展具有积极作用。

三、以丰富短视频内容为着力点，加大国际传播力度

2023年是共建"一带一路"倡议提出十周年。10月18日，国家主席习近平在第三届"一带一路"国际合作高峰论坛开幕式上发表主旨演讲，在海内外引发强烈反响。十年来，中国税务部门充分发挥和拓展提升税收职能作用，主动服务高水平对外开放和高质量共建"一带一路"。中国税务报社坚持行业报特色，胸怀"国之大者"，牢记"税之要事"，坚持用全媒体形式传递中国税务正能量和好声音，我们策划创作短视频作品，加大国际传播力度，为增强我国国际税收话语权贡献力量。

一是紧扣服务"走出去""引进来"。 比如，我们策划创作的短视频《一颗核桃的出国之旅》，介绍新疆和田核桃借助"一带一路"合作机制远销国外，推动边疆地

区乡村振兴的故事，小切口反映大主题，生动展示了税收服务"一带一路"建设的成果。又如，我们策划创作的短视频《三年四增资！这家外企为何这么敢投》，讲述了已进入中国近30年的德国外资企业比泽尔，即使在严峻的疫情期间，仍然对中国发展充满信心，毅然进行了四次增资。该视频发布后，起到了强信心、稳外资的宣传效果，引起了中央电视台记者的关注，央视记者跟进采访，在《新闻联播》"一线调研"栏目播出了《一家德国企业的"五连投"》。

二是紧扣服务重大外事活动。如围绕进博会、广交会、冬奥会、亚运会等国家重大活动，中国税务报社加强统筹策划，提前部署，一方面鼓励本社记者到现场采访，另一方面发挥记者站驻地优势，选派优秀通讯员采访，集中优势资源，重点推出系列短视频作品，以直达现场、税收视角，全面展示税收在服务高水平对外开放中的作为以及新时代我国对外开放的辉煌成就。

三是紧扣展示国际税收交流合作成果。如在2023年第三届中国—非洲经贸博览会举办期间，作为专题活动之一，中非税收征管创新与技术合作研讨会在长沙成功举行，百余名中非税务官员、财税专家展开深入交流。我们推出短视频《逛长沙、话税收，非洲税官直呼"令人惊讶"！》，讲述非洲税务官员对长沙、对博览会和中非税收合作的感受，展示了国际税收合作的丰硕成果。接下来，税务报社将积极应对传播环境变化，强化理念创新、手段创新和工作机制创新，积极布局新媒体发展，在实现国内宣传平台效益最大化的基础上，尝试开通1个国际传播新媒体平台，弥补税收宣传国际影响力不足的短板弱项，强化税收宣传国际传播力和影响力。

近年来，经过持续不断的努力，我们也在媒体融合方面获得了一些荣誉。在中宣部、中国记协、中国行业报协会等单位组织的媒体融合创新案例和"新春走基层"融媒体作品评比活动中，税务报社荣获多个奖项；税务报新媒体三度获评中国行业报协中国产经媒体"新媒体影响力指数"TOP10；税务报社运维的国家税务总局微信公众号、国家税务总局抖音号等账号，先后荣获中央网信办"百名网络正能量榜样"等19项荣誉。

1. 本报专访北京作协副主席、鲁迅
   文学奖获得者乔叶
2. 短视频《一颗核桃的出国之旅》
3. 税务报记者在亚运会

下一步，中国税务报社将深入学习贯彻习近平文化思想，牢牢坚守党报定位、行业报定位和财经领域专业报定位，积极宣传党和国家在税收领域的路线方针政策，及时准确报道税务总局党委的重要决策部署，主动反映税务人、纳税人、缴费人的急难愁盼，积极落实此次论坛精神，履行媒体社会责任，学习借鉴兄弟单位的好经验好做法，在中国记协、中国行业报协会指导下，继续在体制机制创新和公共服务能力建设上下功夫，持续打造站得高、立得住、受欢迎的短视频作品，推动税务媒体融合不断走深走实，努力为税收现代化服务中国式现代化作出新的更大贡献。

全媒体时代行业报如何"融合创新"

——以《中国铁道建筑报》为例

中国铁道建筑报社社长、总编辑

王利

党的十八大以来，习近平总书记高度重视媒体融合发展，发表了一系列重要讲话，作出了一系列重要部署，为新时代推动媒体融合发展指明了前进方向，提供了根本遵循。加快推进媒体深度融合发展，创新是关键。《中国铁道建筑报》自1948年创刊以来，见证了中国共产党领导人民进行革命、建设和改革的历史进程，也闯荡出一条适应时代巨变、独具自身特色的创新之路。党的十八大以来，《中国铁道建筑报》顺应媒体深度融合发展大势，坚持守正创新、内容为王，树立和强化"精品"意识、"品牌"意识，用好新媒体手段，不断创新表达方式，持续加强优质短视频内容生产，推出一批群众喜闻乐见、适于网络传播的短视频产品，积极探索全媒体时代行业报融合创新的发展路径。

一、融字当头，建设全媒体平台，做好精准策划

作为创刊75年的传统纸媒，要想在融合发展的过程中提升传播效能，就必须打破传统的纸媒思维，改变传统的单一图文报道方式，尽可能将新闻报道转化为可视化、形象化的报道，才能不断放大纸媒的传播效果。2021年底，中国铁建党委决定，整合全系统新闻资源，成立中国铁建新闻中心，由中国铁道建筑报社承担其职能，一个机构，两块牌子，这是报社贯彻落实传统媒体和新兴媒体融合发展重大战略部署的首要举措。

以此为契机，报社积极推进报纸、网站和新媒体于一体的全媒体平台建设，在内容、渠道、平台、经营、管理等方面探索深度融合的多元路径，构建传统媒体与新媒体共融互通的传播矩阵，再造新型采编流程，建立健全全媒体采、编、发机制，强化重大新闻线索上下联动，一体策划、一次采集、多种生成、多元发布，进一步提升传播针对性和传播效率、增强传播效果。

在新的采编机制下，中国铁道建筑报社以全媒思维方式每年都提前对年度重大项目新闻线索进行整体梳理，再根据重大项目报道主题的不同角度需要，除图文报道外，同步策划和制作不同类型的短视频产品。报社采取文字记者、新媒体记者、现场一线通讯员与视频编辑制作团队分工协作的方式，协同完成素材采集、文案创作、内容加工，并根据产品类型，结合17个新媒体平台的特质和需求，进行精准推送，做到"门当户对"。

2018年世界首条沙漠环线铁路——新疆和若铁路开工建设。针对这个国家重大项目，中国铁道建筑报社组织策划，派出记者与参建单位的通讯员进行4年跟踪报道，先后10余次深入现场进行采访和拍摄记录，选择工程建设关键环节、典型人物故事加工制作成系列报道作品。其中，《世界首条环沙漠铁路开通》短视频获得2023年中国行业媒体短视频大赛一等奖。

融合报道不仅体现在国家重大项目对内的传播策划，更需要借梯登高，利用海

1　　1. 中国铁道建筑报融媒体矩阵

2　　2. 中国铁道建筑报策划推出的世界首条沙
　　　漠环线铁路——新疆和若铁路建成

外社交账号对外的传播声量，持续放大传播效果。2023年6月，针对国内最长盾构高速公路隧道——北京东六环改造工程西线隧道贯通的节点，以拥有多项核心技术的大国重器"京华号"作为新闻宣传载体，拉近受众与大国工程的感知距离，让更多的人关注大国工程建设，放大央企的品牌传播效应。由本报和所属中铁十四局联合环球网策划的"国产最大盾构机今日出洞"全球直播活动，在国内外视频平台进行了现场直播，传播覆盖总量破3亿；此外，策划推出的《国产最大盾构机今日出洞》《挖隧道的大国重器长啥样》话题一度登上同城热搜榜单首位，微博热搜总榜第三位，微博热搜浏览量最高达2.2亿。

特别是在中国土木承建的尼日利亚拉伊铁路通车两周年之际，本报联合环球网策划推出"中尼友谊，铁路连心"全网报道，传播覆盖总量突破1.29亿，并获美联社、彭博社、法新社在内的1001家欧美主流媒体的重点关注。

二、导向为魂，紧跟重大主题报道，打造新闻精品

坚持正确价值导向始终是《中国铁道建筑报》这张硝烟战火中诞生的报纸的红色底蕴。报社始终立足于行业报国，践行行业责任，高度重视重大主题报道，每年对重大主题报道从策划立意、谋篇布局、呈现方式、融合传播等多个角度进行提前研判，形成总体方案，动态优化调整。结合国家时政热点，在确定采用融媒体产品打造的重大主题报道后，报社编辑部会重点针对视频产品制作，及时协调优秀记者和通讯员，以项目负责制形式推进相关拍摄采集制作，借助丰富的新闻语言、形式和技巧，确保加工成精品力作。

沙特麦加轻轨是中国企业在中东地区建成的首条轻轨线路，也是沙特第一条轻轨铁路，一年一度的穆斯林"朝觐"活动，使得这条线路成为当前全球设计运能最大、运营模式最复杂、运营任务最繁重的轨道交通项目。2023年是中国铁建的运营团队第九次承担麦加轻轨"朝觐运营"任务。中国铁道建筑报社协调前方通讯员，紧跟此次重大主题，策划、制作相关融媒体产品。其中，《东方"飞毯"，再创朝觐运营佳话》

1

2

1. 中国铁道建筑报组织策划的"中尼友谊，铁路连心"
   全网报道
2. 中国铁道建筑报组织制作的中国铁建运营团队第九
   次完成沙特麦加轻轨"朝觐运营"任务视频

翔实记录了铁建团队整合国际资源、完善运营体系、保障项目运营圆满完成的过程，视频一经发布，便得到受众广泛关注，获得近百万播放量，最终荣获2023年中国行业媒体短视频大赛二等奖。

同时，报社重视借助主流媒体的新媒体平台拓展推送渠道，进一步扩大传播效果。2022年，报社参与中央网信办网络传播局指导、国务院国资委新闻中心主办的"我们这十年@坐标中国"网上主题宣传活动，登上网络平台热搜。同年，报社制作的《世界首条环沙漠铁路和若铁路建设》和《世界海拔最高火车站唐古拉车站》两部视频荣获第九届"国企好新闻"特别奖，成为参与活动的数十家中央企业中唯一入选两部独立主题作品的单位。

2023年是共建"一带一路"倡议提出十周年，本报聚焦重大主题宣传放大声量，在中新网和国资委新闻中心联合打造的"足迹——丝路24小时"全媒体特别节目中，本报牵头联合中国铁建所属中国土木、铁建国际两家单位推出的援非盟非洲疾控中心项目、阿尔及利亚贝佳亚连接线项目直播报道，借助该节目在全媒体平台的传播优势，与其他入选的22个重点工程项目报道共同收获了传播量超5亿的效果。在第三届"一带一路"国际合作高峰论坛前夕，坦桑尼亚、埃塞俄比亚、智利、莫桑比克4国记者深度聚焦中国铁建，本报组织的记者采访活动收到良好效果——4篇报道发表于外交部《"一带一路"十年巨变》系列报道之中。此外，本报策划提供的中国铁建"一带一路"建设10周年的成就素材在中国日报进行了一个专版报道；在国资委新闻中心牵头的共建"一带一路"10周年《中国日报》8连版报道中，本报提供的援非盟疾控中心项目、中泰铁路项目、中老铁路素材在连版报道中进行了单独展示。

三、受众为本，贴近基层一线，高质量讲好中国故事

作为一份历史悠久的行业报，《中国铁道建筑报》的受众大多是基层一线的员工和关注中国铁建以及国家重大工程建设的读者群体。报社致力于以受众群体为主体，了解其接触媒介的心理诉求和现实需求，一方面聚焦工程建设现场及基层员工日常工

报社制作的"世界首条环沙漠铁路和若铁路建设"和
"世界海拔最高火车站唐古拉车站"两部视频荣获第九
届"国企好新闻"特别奖

作生活，用贴近基层实际的、有深度和温度的新媒体作品传递正能量。另一方面，关注青年受众群体，注重多形式互动，以其喜闻乐见的方式讲述行业故事，传播行业声音，与他们实现"双向奔赴"，高质量讲好中国故事。

2023年，《中国铁道建筑报》视频制作团队在与青年员工互动过程中，发现刚毕业的女大学生汪甜以自己亲身经历自拍了视频，并以此为素材加工制作了《23岁的我，将和非洲共同成长》视频Vlog，通过真实、细腻、感人的青春故事，展现了中国铁建海外员工的工作和生活风貌。在这部视频作品中，有温暖感人的动物救援行动，有昼夜奋战的铁路抢险，也有与非洲同事结下的深厚友情……视频全方位、全过程展现了那些远离祖国，奉献在海外工程一线，助力"一带一路"建设的中国建设者的精神面貌和国际情怀，使得在异国他乡的中国故事鲜活地呈现在大众面前。该视频在新媒体平台一经发布，播放量就达150万，圈粉无数，成为现象级传播。与此相关的新闻报道也取得了良好效果，既塑造了像汪甜这样有为青年建设者的奋斗形象，又吸引了一批高校毕业生加入中国铁建大家庭，同时激发了广大青年员工到"一带一路"项目中去建功立业、干事创业的工作热情。

第一时间及时报道，满足基层受众对新闻的迫切需求，是本报高质量讲好铁建故事的关键。作为建筑类行业媒体，履行社会责任类的报道被社会广泛关注，及时性的报道能够回应社会关注和基层员工的关切，承担起引导舆论、弘扬主旋律的社会责任，为战胜面前困难险阻的基层员工提供满满的正能量。特别是近年来关于抗疫、抗震救灾类的报道，本报采取"一盘棋"统筹的应急报道机制，记者冲在一线，编辑坚守后方，争分夺秒、火线采访和编发报道，第一时间发布最新情况和现场建设信息；与此同时，记者通讯员穿梭在现场采访一线建设者和受灾群众之中，充分挖掘和真实记录感人故事，全媒体的报道更彰显了新闻的力量。

在2022年的长春方舱医院抢建、2023年北京的门头沟洪灾和甘肃积石山抗震救灾报道中，我们第一时间派出记者和通讯员到一线跟进采访，加工第一手的文字、图片和视频素材，根据不同平台的需求来制作成不同的新闻产品，推出了两个10万+的报

2023年12月19日
已发表 ∨

中国铁道建筑报组织策划的中国铁建急援甘肃积石山抗震救灾报道

道，相关视频播放总量达600多万，收到了良好的传播效果。

四、内容为王，技术创新赋能，以创意表达实现破圈传播

习近平总书记指出："对新闻媒体来说，内容创新、形式创新、手段创新都很重要，但内容创新是根本的。"因此，全媒体时代，无论媒体形态、传播形式怎么变化，内容生产始终是核心竞争力。从短而小、小而精的新媒体作品，到重大主题、重大内容的新媒体产品创作，都需要深刻把握"内容为王"的创作基础。为实现有效传播，报社注重强化用户思维，注重用年轻人喜欢的方式、听得懂的话语体系策划制作新媒体产品，以沉浸式视听体验，激发受众共情共鸣，把内容做得"有意义"又"有意思"。

为吸引年轻受众群体，2023年中国铁道建筑报社结合《流浪地球》电影的硬核科幻视角，拍摄制作《当用流浪地球视角打开超级工程》短视频，将"流浪地球"热度与大国工程结合，从更好地展现隧道工程的场景特点出发，采用无人机（穿越机）一镜到底的拍摄技术，震撼展现"未来地下城"氛围，配合电影《流浪地球》中的背景音乐，将受众完全带入"科幻场景"，引爆视觉观感，广受年轻网友的喜爱，在社会各界引发了对大国工程、超级工程的广泛关注和讨论，并荣获2023年中国行业媒体短视频大赛二等奖。

全媒体时代，年轻化创意可以体现在新闻报道中，也可以前置于新媒体传播技术中。中国铁道建筑报社获得2023年中国行业媒体短视频大赛二等奖的作品《铁建萌娃的硬核科幻梦》，面对"儿童节"这个与工程行业弱相关的节日主题，创作团队抛弃以往节日主题的创作套路，把孩子的想象力与工程行业相结合，创造性运用AI技术，重绘铁建员工子女以"未来工程"为主题的画作，科幻性展现企业未来生产场景。同时，视频以新闻播报的方式，将画作作者名字嵌入虚拟的"新闻事件"，让稚嫩的想象力得到技术的加持，铁建萌娃的梦想就这样被照进现实。未来科技感的叙事方式，情景化的视听体验，让这一作品触发了受众的热情，收到意想不到的传播效果，并创

1 | 2

1. 本报策划制作的《铁建萌娃的硬核科幻梦》获得
   2023年中国行业媒体短视频大赛二等奖
2. 本报以融媒体思维，策划制作的诗词朗诵类栏目
   《传诵》

造了中国铁建视频号单条视频播放量纪录。

此外，依托中国铁建所藏的传统报纸，中国铁道建筑报社以融媒体思维、利用AI技术，筹备、制作了"老影像智能修复类"短视频栏目《勘影局》，以及图、文、音、视元素融为一体的诗词朗诵类栏目《传诵》等一系列融媒体产品，以此传承弘扬中国铁建的红色基因和文化底蕴。

习近平总书记指出："守正才能不迷失方向、不犯颠覆性错误，创新才能把握时代、引领时代。"在守正创新中牢牢把握主流媒体传播的主动权，是行业纸媒必须扛起的重要职责。在全媒体时代，只有深入研究新媒体传播方式和用户喜好习惯，运用互联网思维打造融媒体产品，运用新媒体技术创新传播方式，在内容设计上探索更多创新路径，行业纸媒的媒体融合发展之路才能越走越宽。

2023年是《中国铁道建筑报》创刊75周年，也是《中国铁道建筑报》积极探索行业报如何融合创新的第8个年头。这期间，报社以融字当头、导向为魂、受众为本、内容为王，依托全媒体平台建设，精准策划，紧跟重大主题报道，以贴近受众群体的方式，先后创新推出几十部短视频作品，多形式、多渠道探索融合创新的有效路径，并得到了良好的传播效果。这些高质量的可视化产品不仅丰富了受众对重大工程的视觉体验，增强了内容触达度、亲和度，也提升了《中国铁道建筑报》的传播力、引导力、影响力和公信力。

深耕内容　聚力融合　讲好新时代水利故事

——中国水利报社的融媒创新与实践

中国水利报社社长

李国隆

　　党的二十大报告提出"加强全媒体传播体系建设，塑造主流舆论新格局"，充分体现了以习近平同志为核心的党中央对新闻舆论工作的高度重视和科学部署。加强全媒体传播体系建设，是新时代推进文化自信自强、铸就社会主义文化新辉煌的重要举措，成为指导中国媒体融合发展的新行动指南。建立"以内容建设为根本"的全媒体传播体系，成为越来越多主流媒体推进媒体融合向纵深发展的主攻方向。

　　中国水利报社作为全国水利宣传思想文化工作的主阵地、主平台，始终坚持党性原则、把握正确导向、站稳人民立场，立足构建全媒体传播体系，深耕优质内容，聚力融合传播，通过持续提升政策信息的解读力、重大选题的策划力、优质资源的统筹力、技术赋能的创新力，制作推出了一系列有高度、有深度、有厚度、有温度的融媒体特色产品，促进行业媒体融合发展向纵深推进。

一、坚持内容至上：让大流量澎湃正能量

优质内容始终是互联网传播的核心资源和关键生产力。中国水利报社坚持内容至上，打造融媒精品，以高质量赢得大流量，让大流量澎湃正能量，构筑主流舆论的新高地。

（一）党媒站位，巩固壮大主流思想舆论

不管媒体形态如何演变，党媒属性都不会改变。中国水利报社牢记"党媒姓党"，把握正确导向，站稳人民立场，聚焦"国之大者"，围绕水利中心工作展开新闻宣传，将高站位作为开展水利新闻宣传的"定盘星""压舱石"，让正能量更充沛、主旋律更昂扬，真正形成网上网下同心圆。

突出做好习近平总书记重要指示阐释解读，形成强大宣传声势。集中力量做好习近平总书记胸怀祖国江河山川、心系民族千秋福祉的深度传播，推动加深对习近平总书记关于治水重要论述精神的领悟贯彻，重点打造、陆续推出《"我把护好一江水的故事讲给总书记听"》《总书记牵挂的"中央水塔"，每一滴水都"肩负重任"！》《总书记考察的这两处水利工程有什么特别之处》等系列节点、反响、回访报道，以打动人心的故事、入情入理的叙事、耳目一新的呈现，生动阐释思想伟力。

抢抓网络传播平台重要阵地，形成网上正面舆论强势。着力宣传党的二十大精神、学习贯彻习近平新时代中国特色社会主义思想主题教育，2023年创新推出网络互动访谈节目《听！奋进的声音》，运用"虚拟演播室+"系统，以主持人和访谈对象互动的方式，通过"厅局长说"和"青年说"两个子栏目，邀请相关水行政主管部门和行业优秀青年，结合贯彻落实党的二十大精神谈认识、谈落实，用新故事和新形态进一步展现新阶段水利高质量发展的新面貌、新作为。

（二）策划精巧，踩好"鼓点"报出"亮点"

随着媒体深度融合的脚步逐渐加快，对新媒体产品的要求也从简单的"内容+新媒体包装"转变为内容、形式与技术的"形神合一"，倒逼新媒体从业人员从选题、

网络互动访谈节目《听！奋进的声音》

策划环节寻求突破和融合。

2023年，为展现三峡工程后续运行管理带来的生态环境保护修复和民生改善等丰硕成果，我们提前大半年策划，将"三峡后续工作"这一大主题，解构在生动的新闻故事、贴近的生活落点和动人的纪实影像中，推出《新三峡的幸福回响》大型融媒体报道，以"视频专题片+网络融媒体专题+H5交互作品"多元化形式进行全方面呈现。其中，系列视频专题片突出新闻的深度性，以新闻纪实的方式展示三峡后续工作不同方面取得的成效；H5注重用户体验，运用互动和VR技术，让用户沉浸式"穿越"到"列车D953"的旅程中，感受三峡库区城市的变化；网络专题注重整体的呈现和内容的整合。H5交互作品《D953，我来了！》一经推出，微信单平台阅读量达10万+，读者留言表示"选题旧事添新意，视野文笔有深度，为主创点赞""非常棒，这种宣传理念值得推荐"。

（三）瞄准需求，实现与年轻用户"双向奔赴"

要提升主流媒体在互联网的话语权和传播力，就要抓住年轻受众的眼和心。根据《2023年中国互联网网络发展状况统计报告》，截至2023年6月，中国网民规模达10.51亿人，其中40岁以下的网友占64.5%，网友年龄多元化、年轻化是显著特点。这就需要主流媒体重视新闻产品与用户的契合度，与年轻人主动"握手拥抱"。

中国水利报社坚持用户思维，把创意作为网络传播的重要竞争力，抓住热点，让新媒体产品直达年轻派圈层，提升主流媒体在互联网的话语权和传播力。例如我们积极运用创意海报、手绘长图、短视频、H5、数据新闻等多元化表现形式吸引年轻受众，策划推出《秒懂水事》原创系列科普短视频，将晦涩的水利专业知识深度加工，结合深入浅出且轻松诙谐的文案、配音和MG动画演示，"掰开揉碎"分享给用户，形成了既围绕水利中心工作又具有鲜明特色的新媒体产品。

（四）讲暖故事，以小切口叙事赋能柔性传播

柔性传播以丰富报道的故事结构为基础，赋予报道柔性的表达方式，是主流媒体在融媒时代进行内容创新的主要方式之一，能使主流媒体更好地担负起融媒时代弘扬

1

2　3

1.《新三峡的幸福回响》网络专题

2. H5交互作品《D953，我来了！》（一）

3. H5交互作品《D953，我来了！》（二）

社会主旋律的重任。

中国水利报社秉持"讲好水利故事"的初心，以软笔力描绘新闻，以暖新闻温暖人心，通过"化硬为柔"，让受众在阅读或观看时感到温暖和感动，达到"润物细无声"的目的。我们"以小切口呈现大主题，以小故事表现大时代"，将报道视角瞄准水利基层，用有温度、有共情的叙事情节，让大主题更具人情味。2023年年初，中国水利报社与新华社现场云、中国行业报协会联合出品了《实干中国｜黄河水文"哨兵"战凌记》，将黄河水文工作者舍小家顾大家的担当、在极寒天气下毫不松懈的实干，通过有网感的新媒体语境和可视化内容——展现。报道推出后，列入新华社当日重点报道Top10，获冠新华全媒＋。一周时间，超过300家媒体平台转载，全网阅读量超过6300万人次，实现了正能量与大流量的同频共振。

二、坚持集成发力：为优质内容生产增添动能

要让主流声音牢牢占领互联网舆论场，必须用好互联网这个最大增量。作为行业媒体，在各种资源有限的条件下，迫切需要加强采编力量的整合，集成发力，以更符合现代网络传播规律的新"打法"，持续激发优质内容的生产力，助力融合传播落地落实。

（一）强化机制保障，推进内容供给侧创新

近两年来，中国水利报社以机制创新为突破口，以建立适应"移动优先"策略的组织架构和工作机制为目标，不断打通传统媒体流程堵点，最大程度解放媒体生产力。

在创新媒体融合体制机制上，我们建立了与水利部各司局对接的"跑口记者"制度，搭建起新闻宣传和水利中心工作的"快速通道"，有效提升宣传报道快速反应能力；我们建立了重大报道融媒体响应保障机制，以融合报道为组织形式，打通版面页面、大屏小屏；我们制定出台社内优秀作品月奖评选激励办法，注重结果使用，激励多出融合报道、精品力作。在人才队伍建设上，我们重视人才培养考察和专业结构优

2
1
3

1. 新媒体产品《跟随小船，一起"云"游京杭大运河》微信单平台阅读量10万+
2. 中国水利报社与新华社现场云、中国行业报协会联合出品《实干中国黄河水文"哨兵"战凌记》（一）
3. 中国水利报社与新华社现场云、中国行业报协会联合出品《实干中国黄河水文"哨兵"战凌记》（二）

化，加大培训力度，试行轮岗机制，学研结合，实干练兵，鼓励编辑记者践行"四力"，着力培养政治合格、业务过硬的媒体融合队伍。

（二）注重技术赋能，拓宽行业媒体叙事空间

在"酒香也怕巷子深"的新传播时代，正能量产品如何成功"出圈"是值得深入研究的问题，而技术的赋能，让我们有更多精力去迸发创意，增强内容的社交性、互动性、故事性，大幅度提升产品的表现力、吸引力、感染力，为用户创造更多沉浸式、参与式的良好体验。

为进一步推动媒体融合，中国水利报社建设了"虚拟演播室+"系统，采用模块化设计，将虚拟空间与现实空间交叠，可同时满足户外节目录制、虚拟场景摄制、新闻播报、直播连线、长短视频制作等不同场景下各类型音视频内容的制作需求，适应融媒体产品内容和形式灵活多变的特点。通过不同虚拟场景构建不同的叙事环境，我们策划推出了大量有特色的专题性节目，如《两会云播报》《二十四节气中的趣味水事》《邮说水利》等，让内容更具可视化、趣味性。相关产品已在行业内形成口碑和现象级传播，并多次荣获奖项。

先进的技术不但拓宽了叙事空间，也催生了新的内容形态。2023年，我们运用大模型以及AI换脸技术，策划推出廉洁文化宣传视频《快来围观！看治水大咖说廉洁》，利用丁宝桢、汤斌、于谦等人像讲述三句半《一菜　三汤　两袖风》作品等，在互动性和趣味性的作品中传递水文化，得到用户良好反馈。

（三）拓宽平台渠道，"多声道"唱响"大合唱"

从"人找信息"到"信息找人"，传的是优质内容，靠的是渠道平台。目前，中国水利报社已经建立起以"中国水利"和"中国水事"为品牌标识的，集报刊网微于一体的融媒集群。同时，主动入驻社会新媒体，根据不同平台进行差异化、分众化的产品分发，以"借船出海"扩大影响力"朋友圈"，有力提升了行业主流媒体在全网平台的传播声量。例如在主题教育期间，我们将水利部主题教育宣传报道分发至学习强国App，被平台首页多次推荐，阅读点赞量累计超1800万。2023年年初，我们第一

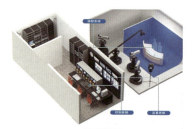

名为《都江堰水利工程》的特种邮票

1 2   1. "虚拟演播室+"系统示意图

3 4   2. "虚拟演播室+"的控制及监看系统

  5   3. 策划推出专题性节目《邮说水利》

         4. 廉洁文化宣传视频《快来围观！看治水大咖说廉洁》兼具趣味
性和互动性

         5. 应用"虚拟演播室+"系统，构建《邮说水利》节目场景

时间在"中国水利"微博创建并发布"黄河内蒙古段进入开河期"话题，受到广泛关注，当天登上同城热搜榜第三位，被新华网财经等多家媒体官方微博引用。我们在快手短视频平台发起宣传《公民节约用水行为规范》的话题活动，参与话题的短视频播放量超21亿，让节水理念更加深入人心。

三、坚持多元搭建，打造新时期"四力"融媒精品

当前，媒体融合迈入"深水区"，从初始阶段简单的"融为一体"，到媒体生产全链条的互融、深融，这对行业主流媒体也提出了新的挑战。目前，中国水利报社在媒体深度融合方面取得了一些成绩、积累了一些经验，融合传播架构体系已初具雏形，融媒产品生产质效得到大幅度提高，精品力作不断涌现，新媒体用户量也积累到一定规模，但仍有较大提升和发展空间。

习近平总书记强调，要切实提高党的新闻舆论传播力、引导力、影响力、公信力。在当前深度融合背景下，行业主流媒体不仅要始终以提升新闻"四力"为目标，还要紧密结合自身发展实际，总结出属于自己的一套融媒发展"打法"。下一步，中国水利报社将结合自身特点，努力打造新时期"四力"融媒精品，持续走好媒体深度融合之路。

一要壮大主流声量，培养产品创新力。创新的广度、深度和力度，是影响新闻传播效果的关键，也是提升主流价值传播声量的有效方式。我们要继续加快推进应用智能化技术，助力内容生产技术创新，升级打造数字内容产品，以可视化、智能化、互动化、社交化的多矩阵融媒产品，营造出更加强有力的舆论声势。

二要深耕基层沃土，增强内容感染力。除了社会公众外，中国水利报社融媒体矩阵用户大多是水利基层一线员工，我们要继续深耕基层沃土，推出沾泥土、带露珠、接地气、有深度的鲜活融媒产品，以轻量化表达和柔性传播，寻找共通点和燃情点，提升与用户的情感共鸣。

三要加快IP建设，铸就品牌吸引力。打造能够迅速吸引用户注意力并建立长期

黏性的内容IP生态，是媒体影响力塑造的核心要素。当前我们已建立了"中国水利"和"中国水事"为代表的品牌，拥有"小水滴"卡通IP形象。未来我们将继续在现有品牌建设基础上，打造个性化的IP人设、品牌栏目，以品牌引领融媒生产，进一步深化品牌落地，实现多场域应用。

四要发挥专业优势，提升行业影响力。 作为行业媒体，对行业动态的快速反应和权威解读，是我们的职责也是优势。我们将充分挖掘、培育、壮大这一优势，进一步加强、完善融媒体矩阵的功能与架构，着力开发高质量、有特色、易接受的水利融媒体产品，增加有效供给，更科学、更有效地传播水事信息、普及水利知识，为进一步讲好水利故事发挥作用、贡献力量。

深入推进媒体融合发展
全力提升财经新闻宣传水平

中国财经报社党委书记、社长

万平

党的二十大报告指出，要"加强全媒体传播体系建设，塑造主流舆论新格局。"近年来，按照中央的部署和要求，在财政部党组的正确领导下，中国财经报社通过内容创新、流程优化、平台再造，实现各种媒介资源、生产要素有效整合，实现信息内容、技术应用、平台终端、管理手段共融互通，催化融合质变，放大一体效能，推动媒体融合向纵深发展。目前，中国财经报社除出版《中国财经报》《中国会计报》《中国政府采购报》等三份报纸外，还运营2个网站、2个新闻客户端以及微信、微博、视频号等20余个新媒体平台（账号），自建融媒体演播室，全网粉丝总量超过1200万，日均有效传播量超过100万，成为在财经领域较有影响力的全媒体传播机构。

一、坚持导向为魂，强化融合理念，增强贯彻落实中央决策部署的思想自觉政治自觉行动自觉

一是加强对党的创新理论的学习，以习近平总书记关于媒体融合发展的系列重要讲话精神作为推动媒体融合的根本遵循。 2013年8月，习近平总书记在全国宣传思想工作会议上提出"加快传统媒体和新兴媒体融合发展"的重大任务。十多年来，习近平总书记亲自谋划、指导推动媒体融合发展，为做好新时代新征程的新闻舆论工作指明了方向，提供了根本遵循。近年来，中国财经报社认真学习贯彻习近平总书记的重要讲话精神，深刻认识推动媒体融合是新形势下做好新闻舆论工作的必然要求，深刻认识按照"正能量是总要求、管得住是硬道理、用得好是真本事"原则做大做强主流舆论的重大意义，深刻认识遵循新闻传播规律和新兴媒体发展规律、推动建设全媒体传播体系的重大任务，从实际行动上坚决贯彻落实中央部署和要求，积极推动报纸等传统媒体与短视频等新兴媒体优势互补、一体发展，着力提升作为官方主流财经媒体的传播力、引导力、影响力、公信力。

二是深刻认识传统媒体面临的重大挑战，树立迎难而上、开拓创新的坚定信心。 信息技术的飞速发展已经深刻改变了人类的生活生存方式，互联网成为人们社会生活的基础性架构，媒介传播的方式、生态、格局等都发生了深刻变化。作为传统行业类媒体，在互联网大潮中必须面对这种深刻变化的新形势新要求，必须直面新闻舆论工作的巨大挑战，迎难而上，勇于变革、敢于创新、善于适应，才能在新形势下守好守牢舆论阵地。近年来，中国财经报社按照媒体融合发展的要求，深入分析报社融合发展存在的突出短板，积极挺进互联网主战场，持续在短视频等舆论生态"风口"发力，取得了显著进展，进一步坚定了通过融合发展促进报社高质量发展的信心。

三是严格落实意识形态工作责任制，确保媒体融合发展的正确方向。 报社党委始终牢牢把握正确舆论导向这条生命线，把好政治方向，把讲政治贯穿到"报网端微屏"，坚持网上网下、新媒体传统媒体在导向上坚持一个标准，把牢意识形态工作主

导权，占领舆论传播主阵地，切实做到守土有责、守土担责、守土尽责。发扬斗争精神，旗帜鲜明反对和抵制各种错误观点，坚决防止"低级红""高级黑"现象。积极稳妥做好重大突发事件和热点敏感问题的舆论引导，有效防范处置风险隐患。不断完善三审三校机制，建立完善报纸和新媒体纠错机制，认真对报社报纸版面及所办新媒体平台的编校质量进行自查。在北京市新闻出版局2023年度报纸编校质量检查中，《中国财经报》零差错。

二、坚持围绕中心、服务大局，以高品质内容打造主流舆论高地

一是高举思想旗帜，打造学习宣传贯彻习近平经济思想的舆论高地。作为主流财经媒体，中国财经报社把学习宣传贯彻习近平经济思想作为最重要的政治任务，切实贯彻落实到新闻宣传的全过程，努力打造学习宣传贯彻习近平经济思想的舆论高地。报社党委通过党支部党小组集中学习研讨、邀请党建理论专家开展现场专题讲座等多种方式，促进全体党员干部认真读原著、学原文、悟原理，以扎实的理论武装头脑，指导财经新闻工作实践。通过学习，报社全体党员干部进一步深刻领会"两个确立"的决定性意义，增强"四个意识"，坚定"四个自信"，做到"两个维护"。近年来，中国财经报开设"学习习近平新时代中国特色社会主义经济思想""厅局长论坛"等专栏，邀请财政部门负责同志、财经领域知名专家学者谈学习习近平经济思想体会，宣传党的理论和路线方针政策，如2024年3月19日头版头条刊发财政部党组书记、部长蓝佛安同志文章《坚定信心 真抓实干 扎实实施积极的财政政策》。2023年1月，为进一步加强习近平新时代中国特色社会主义思想的宣传阐释，在中国财经报开设"理论版"，聚焦习近平经济思想及中国式现代化、现代财政制度等重大主题，推出具有较强理论性、前瞻性的学术文章，进一步促进财经领域学术交流、繁荣财经理论，引发良好反响，2023年全年刊发有关理论文章40余篇。

二是深入基层一线调研采访，以中国式现代化新成就展现习近平经济思想的精彩实践。2023年以来，按照中宣部、中国记协和财政部党组要求，报社紧紧围绕学习

宣传贯彻党的二十大精神这条主线，持续开设"高质量发展调研行"栏目，结合财政系统实际唱响主旋律，讲好中国财政经济高质量发展的故事。重点策划实施了三个系列：其一是"重要时间节点看巨变"，包括河北雄安新区设立6周年、海南自贸港建设5周年、浙江"千万工程"20周年、山东临沂老区十年巨变等策划组织系列融合报道，通过团队合作"你中有我、我中有你"，纸媒、新媒体优势互补、一体发力，互为支撑、共享融通，产生"一次采集、统筹制作、多元传播"的良性效应。其二是"基层蹲点调研看民生"，7个采访组分赴浙江台州、四川凉山、广东中山、云南瑞丽等地开展为期一周的蹲点调研采访，反映基层群众的生活变化；其三是"财政重点工作看发展"，分别围绕"山水林田湖草沙系统治理""财政支持东北老工业基地转型""财政支持三大粮食作物农业保险""加强新时期财会监督"等财政重点工作反映高质量发展的进展和成效。2023年全年，报社先后派出140余人次分赴全国20余省份，对各级财政围绕党中央、国务院重大决策部署，促进高质量发展的实践经验进行深入报道，采访刊发了一大批带有泥土芬芳的鲜活报道。

三是围绕财政中心工作和财经热点话题及时深入报道，为财经工作营造良好氛围。中国财经报持续加大宏观经济热点问题解读力度，加强财政经济形势的舆论引导，唱响中国经济光明论。围绕中央经济工作会议持续开展分析解读，充分利用开设的"中财时评"和"财经视线"等栏目，做好对党中央、国务院出台的重大政策和财政部发布的重要举措跟踪解读，对宏观经济形势进行经常性、持续性跟踪报道。报社紧紧围绕财政部中心工作，精心打造了一系列品牌栏目和特别报道，策划推出"艰苦奋斗　勤俭节约　财政在行动""发展和培育新质生产力"等专栏，刊发文章150余篇，起到引导舆论的良好效果。2024年全国"两会"报道中，报社突出主责主业做好预算报告宣传解读，中国财经报连续6期推出"预算报告解读"专版，广泛采访全国人大代表、政协委员和财经专家，高频率刊发文章70多篇，刊播原创短视频145则，预算报告解读视角多元、内容丰富、形式多样、效果较好。同时，深入采访财政部预算报告起草、旁听两会和上会解说等重点工作，对财政部深入践行人民民主、倾听民意的重要举措和成效进行了客观生动的报道。2024年3月，中国财经报围绕"新一轮财税体制改革"基层经验策划的文章得到国务院领导的肯定性批示。

四是积极策划生产精品融媒体作品，体现财经媒体特色。以制作高质量音视频产品为重要抓手，实施品牌化战略，下大气力产出一批主题积极向上、内容真实感人、制作精益求精的爆款作品。报社注重将文字报道与短视频报道组合呈现，加大重大选题的策划和开发上，在财政垂直领域深耕内容生产，推出了一系列有个性、有特色的报道。如2023年围绕民生领域推出的《财政部：在校期间的国家助学贷款利息全部由财政补贴》《我国将增发1万亿元国债》等作品，获得广泛关注；发挥行业媒体优势，第一时间现场视频报道《美国财长正在访华，财政部回应！》，充分展现了财政系统行业媒体的核心竞争力；2023年7月，推出了《蝶变——浙江"千万工程"20周年系列报道》6则短视频，以及纸质媒体2个整版的报道等，全网传播量超过1500万。2024年两会期间，报社抖音、快手、微信视频号先后围绕预算报告解读、代表委员履职风采、普通老百姓对"两会"的期待与感受等主题制作原创系列短视频总传播量超4000万，起到了很好的传播效果。

五是适应分众化特点，打造有高度、有温度、有辨识度的特色栏目。2023年以来，报社围绕两位不同风格主播打造《财知道》《节气里的诗词》《悦读》等固定档IP类节目，提高品牌辨识度。其中《财知道》主要围绕社会各界关注的财税政策和热点事件进行解读，普及财税知识，让专业的术语"飞入寻常百姓家"；《节气里的诗词》《悦读》推广传承以"二十四节气"为代表的中华优秀传统文化，积极弘扬正能量。三个专栏均取得积极反响，平均单条点击量超过15万。在日常运营过程中，结合重大热点事件，快速跟进报道，在所属领域重大事件及节点上，主动造势，与相关平台共同策划事件化传播，提升爆款内容产出能力。2023年9月推出的《中国农民丰收节系列报道》，与网络正能量大V联动，在丰收节期间制造热点话题，全网点击超过4000万。

1

2　3

1. 浙江"千万工程"20周年采访图片

2.《节气里的诗词》外景拍摄图片

3.《财知道》等固定档IP类节目，让财税专业术语
　"飞入寻常百姓家"

三、坚持移动优先、守正创新，积极打造全媒体传播格局

一是突出移动优先战略，强化体系化传播。为提升融合发展成效，报社打破固有的思维定式、工作惯性和路径依赖，进一步突出移动优先的发展方向，整合新闻资源、采编力量、媒体平台方面的优势，强化报纸与网站、客户端、微信、微博、短视频等联动效应，结合不同渠道的特色，发挥体系传播联动效应。比如，在美国财长耶伦访华等重大事件报道中，第一时间从现场发回视频报道，微信公众号第一时间发布消息，在当天出版的报纸上邀请专家进行解读，并在网站、App上集合各方面相关报道，由此形成中国财经报的特色报道。不断迭代升级微信、网站等传播渠道。目前报社拥有三个150万以上粉丝量的公众号。其中，中国财经报微信公众号在全国财政系统微信公众号排名中长期位居第一，总阅读量、平均阅读量、传播力指数优势明显。2023年报社微信公众号阅读量10万+的文章达145余篇，2024年第一季度10万+文章超过60篇。积极推动"中国财经报网"改版升级，强化用户体验，突出融合效果，改版后的网站基本功能完备、风格简洁大气、用户体验良好、安全体系过硬，更加突出短视频等融媒体，成为报社进行品牌、产品宣传的重要途径。

二是突出可视化战略，不断提高在舆论场中的影响力。加大短视频制作人力物力投入，在微信视频号、抖音、快手平台上持续发布原创短视频作品，积极创新实施视频直播、动漫、视频Vlog等新媒体表现形式，在数量、质量以及表现形式上快速发展，2023年刊发短视频超450条，单条最高点击量超1000万，平均点击量超50万。全年原创视频作品获各类奖项10余个。同时，积极尝试拍摄中长视频以及高质量的专题片、纪录片，提升制作能力。2023年完成时长43分钟的财政系统反腐专题片《初心与蜕变》，展播后在全国财政系统产生了积极反响。

三是坚持守正创新，健全完善适应媒体融合发展要求的制度体系。从新闻理念、运行机制、管理体制上不断改革创新，整合各方面要素，努力做到在融合发展中主导舆论。树立"四全"媒体理念，进一步优化流程，打通条块分割，形成策划、采编、

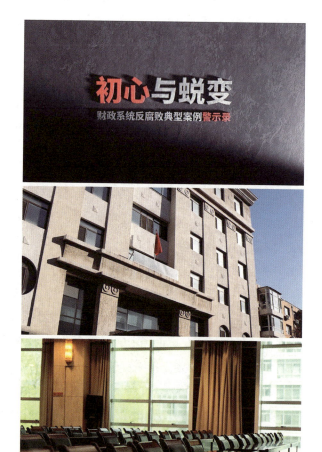

《初心与蜕变》展播后在全国财政系统产生了积极反响

审签、播发、反馈一体化机制。不断健全适应媒体融合发展的组织架构和人事、薪酬、管理、考评等各类激励和约束管理机制，调动各方积极性。

四、坚持加强人才队伍建设，着力提升融合发展长效机制

人才是核心竞争力。报社始终把全媒体人才队伍建设作为推进媒体融合的重中之重，切实加强人才培养和选聘，努力打造一支忠诚干净担当、结构优化、具有过硬业务能力的人才队伍。报社持续加大马克思主义新闻观的教育培训力度，着重加强干部职工专业知识、专业能力、专业作风、专业精神的培养，鼓励采编人员深入群众、深入新闻一线，不断增强脚力、眼力、脑力、笔力，努力使新闻工作者真正做到胸中有大义、心里有人民、肩头有责任、笔下有乾坤。同时，通过畅通交流渠道、积极改善办公环境和生活条件等措施，努力营造团结和谐、积极向上的工作氛围。

站在新的历史起点上，中国财经报社将始终高举习近平新时代中国特色社会主义思想伟大旗帜，深入践行习近平经济思想，持续推进媒体融合发展，反映新时代中国经济高质量发展的巨大成就，反映财政部门攻坚克难奋发有为的精神状态，用心用情讲好财政故事，以高质量财经新闻宣传工作推动财政事业高质量发展。

发力深耕短视频
做中国特色金融发展之路的记录者、传播者

农银报业有限公司董事长、总编辑
陈继军

党的二十大报告提出，推进文化自信自强，铸就社会主义文化新辉煌，强调加强全媒体传播体系建设，塑造主流舆论新格局。这对媒体融合发展提出了新的要求。

《中国城乡金融报》扎根城乡金融领域近40载，近年来，在农业银行党委的坚强领导下，加快推进媒体融合建设，发展成为拥有报纸、杂志、新媒体等综合平台的现代化媒体传播机构。

在新媒体端，着眼行业发展趋势以及新技术的运用，农银报业将短视频作为推进融合创新、做好宣传思想和新闻舆论工作的新阵地，制作推出一系列立意高、形式美、具有较强互动性、感染力和传播力的视频产品，以融媒体形式讲好中国特色金融发展之路的故事，在受到广大读者欢迎的同时，也获得多个专业奖项和行业表彰，实现口碑与奖杯的双丰收。

一、立足行业使命　生产"走心"作品

一是以"四度"原则对标内容生产。农银报业将短视频作为做好宣传思想和新闻舆论工作的重要载体，坚持以高度、亮度、温度、角度的"四度"工作原则推进短视频生产，即：在选题策划中注重高度，对标中央大政方针和习近平新时代中国特色社会主义思想；在报道金融业改革发展中注重亮度，突出行业特色、国有大型金融机构主责主业和生动实践；在讲述金融业好故事、传播金融业好声音中注重温度，展现金融行业员工的家国情怀；在把握传统媒体和新媒体关系中注重角度，实现全方位、立体化呈现。

二是以"小切口"实现"大共情"。媒体融合不仅仅是表现形式的融合，其目标还要"融入人心"。在碎片化时代，"传播内容——传递理念"这个过程越来越有挑战性。要想内容"走心"，让读者"秒懂"之后点赞、传播，要求作品内核必须有温度、能共情，这在农银报业"浓情暖域——银行网点暖心服务故事"专题报道中得到充分体现。

2022年以来，为展现金融行业提升网点一线服务品质的作为与成效，农银报业推出了"浓情暖域——银行网点暖心服务故事"专题报道，通过一系列短视频作品，及时宣传报道银行员工为客户提供暖心服务的真实故事、创新做法等，体现有温度、有情怀、有担当的服务文化和服务精神。在每一个作品的制作过程中，短视频编辑团队提前开展头脑风暴，不放过能体现典型人物和故事情节的每一段语言、每一个动作，从文案组织到视频封面设计均仔细打磨。用微观视角的小切口，展现金融为民的大主题，不少作品在新媒体平台实现了10万+甚至百万+的传播量。

以短视频《银行营业大厅内　一个拥抱瞬间破防》为例，作品以银行基层网点员工帮助大妈守住钱财之后，大妈给银行员工一个拥抱动作为切入点，体现出了万千银行人用实际行动打击电信诈骗，守护百姓钱袋子的不懈努力。"拥抱"这一刻，金融为民的情怀得以充分展现。该作品在中国城乡金融报视频号播放量超过200万，被

短视频作品《银行营业大厅内　一个拥抱瞬间破防》截图

国家反诈中心新媒体、人民日报新媒体等平台转发，并且获得了2023中国行业媒体短视频大赛二等奖。汇集这些作品的农银报业《"浓情暖域"主题融合传播》项目成功入选"2022年中国报业媒体融合'用得好'案例库名录"。

三是以"媒体+"服务创造更大价值。好的短视频作品不仅要有意思，更要让人看后觉得有意义，传递正能量。近年来，农银报业在守牢宣传阵地的同时，积极发挥媒介桥梁作用，为社会提供有价值的信息服务。

以适老化服务为例。随着智能手机普及、信息化社会的加速转型，"数字鸿沟"成为备受社会关注的高频词汇。诸如消费支付"玩不转"、健康码"扫不出"、网上购物"套路深"等问题，暴露出老年群体面临的困境。围绕关爱老人政策、社会保障、银行业务、反电信诈骗、生活便民等主题，农银报业推出《转给爸妈看》系列短视频报道，发挥报社青年新闻工作者及银行基层员工创作能力，将情景剧、小品融入短视频报道中，为老年客户群体提供接地气、实用性强的金融小知识。通过温情演绎和专业解答破除"数字鸿沟"，努力提升老龄群体的满足感、幸福感、获得感，生动体现了一家行业媒体的社会责任。

二、创新表现形式　打造传播精品

在深耕短视频领域过程中，农银报业新媒体采编团队树立全媒体理念，围绕主题策划、剪辑制作、传播形式、受众心理、传播效果后评价等进一步深入研究、复盘，着力提升新闻舆论传播力、引导力、影响力、公信力，努力打造城乡金融领域短视频传播精品。

一是表现形式接地气。要发挥好短视频这一传播载体的优势，就要在表现形式上下功夫。以喜迎党的二十大胜利召开，农银报业新媒体联合多家金融机构共同推出的"人民金融这十年·身边那些事儿"系列报道为例（《阳山水蜜桃的"甜蜜"蝶变》《托尼老师的自白》《奋斗在"海上仙山"》《"老地方"见证"深漂"美好生活》共四期），整组报道采取"短视频+文字"融媒体形式，由返乡创业大学生、创业美发师、

"转给爸妈看""人民金融这十年·身边那些事儿"系列报道截图

海岛民宿经营者、资深"深漂"等个体出镜讲述自己的故事。通过个体接地气的语言表达和生活化的故事场景，展现了党的惠民政策为一个个群体带来的实实在在变化，从侧面体现出金融工作的政治性、人民性，受到了读者的普遍欢迎。

二是主题传播增人气。热点话题即流量所在。近年来，农银报业结合社会热点，推出一系列主题短视频征集活动，进一步提升作品的传播力。譬如为迎接北京2022年冬奥会和冬残奥会召开，展示全民参与冬奥的热情与风采，农银报业推出冬奥广场舞《一起向未来》舞蹈视频征集活动。"让读者成为创作者"的形式进一步激发了大家创作热情，吸引了广大农行员工的积极参与，不同版本的舞蹈短视频更是收获了不少关注度。又如农银报业以火爆全网的"我是云南的"上分短视频为表演范本，在新媒体平台推出了农行人"上分"视频大挑战活动，各地农行人纷纷用方言介绍家乡的风土人情，多部作品全网观看量达到10万+。

三是紧跟热点有热气。经济兴，金融兴；经济强，金融强。作为城乡金融宣传主力军，农银报业积极通过短视频形式展现金融助力经济发展一个个亮点。2023新春到来之际，农银报业推出了《随手拍·乡村年味儿我来说》系列短视频报道，由基层农行人客串主播，为读者呈现乡村浓浓年味儿和新变化，展现了金融机构贯彻党的二十大精神、助力乡村振兴的新思路。

围绕2023年《政府工作报告》提出经济社会发展总体要求，聚焦新形势下市场新变化，农银报业策划推出《随手拍·经济热点我来说》短视频报道，邀请银行人走进通关口岸、小商品市场等热点板块，探查经济新业态、新特点，展现金融服务新作为。

围绕国家扩大消费政策刺激下，各地以餐饮、文旅、文娱等为代表的"夜间经济"模式纷纷上线，农银报业策划推出《随手拍·带你去找夜经济》系列报道，安排各地美食达人走进消费市场，探查提振消费背后的金融力量。

上述报道均以短视频为载体，深度融入衣、食、住、行等百姓关注的话题，通过丰富的元素吸引观众的眼球，体现出金融服务社会经济发展的新实践，受到读者欢迎。

《一起向未来》舞蹈视频征集活动、"随手拍"系列报道截图

三、抓住特色主题　推出拳头产品

农银报业坚持正确的政治方向、舆论导向、新闻志向、工作取向，深耕城乡金融，持续打造具有鲜明辨识度的行业媒体特色宣传品牌。特别是党中央作出全面推进乡村振兴战略以来，农银报业以习近平新时代中国特色社会主义思想为指导，将全方位、全领域、全视角报道乡村振兴作为义不容辞的政治责任和使命担当，举全报社之力，做好乡村振兴融合报道这篇大文章。

在短视频领域，在2022年推出"乡村振兴金看点"品牌栏目的基础上，2023年伊始，农银报业推出"乡村振兴金看点"融媒体报道行动，派出8路共20余名记者，深入四川、内蒙古、黑龙江等地，历时7个月，总行程超4万公里。采访中充分发挥融媒体记者主观能动性，挖掘生产出一大批沾泥土、冒热气、带露珠的短视频作品。近20篇融媒体报道被新华社、人民网、中国网、中新网、凤凰网转载，部分作品全网阅读量超百万，大力宣传了以农业银行为代表的金融机构服务乡村振兴的作为与贡献。

为展现蓄势赋能乡村振兴的金融力量，将助农兴农落到实处，农银报业在新媒体端推出《乡味儿·金品》公益助农栏目。以"中国城乡金融报公众号+视频号"的形式，讲述舌尖上的"农品"故事。先后推出"大埔蜜柚""脊岭岛盐田虾""三门青蟹""阿尔巴斯绒山羊""赣南脐橙""建三江大米"等一系列地方特色农产品，并通过影像故事或人物短视频，反映金融帮扶对乡村振兴的助力。此外，《乡味儿·金品》栏目还初探"开箱评测"短视频传播形式，以"新闻人替你深度了解"为亮点，全方位、客观真实展现特色农品的"色、香、味"，让公众通过消费帮扶助农副产品走出乡村。

四、组建专业团队　制作丰富"菜品"

一是挖掘壮大内容生产队伍。好的作品来自基层。仅以农业银行为例，农业银行有23000家网点，其中在乡镇一级的有7000多家，在海拔3500米以上地区网点500余个，在边境线2公里以内网点70余个，是目前唯一一家在全国所有县域设有网点的商

推出《乡味儿·金品》公益助农栏目，组织农银拍客培训活动

业银行。毫无疑问，这是一个汇聚更多报道素材的"宝藏银行"。

为了深度挖掘基层优质素材，用新媒体讲好农行故事，近年来，农银报业面向农行系统广大摄影爱好者启动了"农银拍客"招募，初步组建了一支规模近200人，具备策划、拍摄、制作、包装等经验、覆盖农行37家境内一级分行和7家境外机构的制作团队。依托这些农行系统影像达人，先后推出了《脱贫攻坚鲜镜头》《深贫一线拍客志》等系列短视频报道，挖掘出一大批彰显金融政治性、人民性的故事，产生了更大的传播力和影响力。

二是持续打造专业化生产平台。近年来，诸多媒体单位特别是报业单位纷纷在视频内容生产制作、包装运营以及视频基础设备上不断加大投入力度。为了进一步提升短视频内容生产能力，农银报业在新媒体中心内部设立影像工作室，以柔性团队形式进行专门内容生产，并对短视频策划、制作包装以及传播机制等进行深入研究，打磨推出精品栏目作品。截至2023年10月底，仅在微信视频号平台即已推出近500个短视频作品，整体浏览量超千万，更创作出了不少10万+、百万+级作品，部分作品获得了中国行业报协会表彰。

为了补足影像制作软硬件短板，2023年，农银报业将演播室等有形载体的建设作为提升专业化制作水平的重要抓手。以演播室为平台，依托3D场景、实时合成等演播技术，围绕国家经济金融大政方针、银行业热点话题、农业银行业务创新、先进典型宣传等主题，设计制作具有农银报业特色的高品质视频产品。进一步提升原创水平，打造精品报道和优质栏目。

展望未来，农银报业将坚持以习近平新时代中国特色社会主义思想为指导，深入学习贯彻习近平文化思想，不断摸索影像表达的方式方法，致力于打造更多的新媒体精品，以新闻精品宣传党和国家政策主张和重大发展战略，以新闻精品讴歌乡村振兴、民族复兴的伟大时代，切实担负起中国特色金融发展之路的记录者、传播者这一职责使命。